边角料书系

陈思和

Collection of
Chen Sihe's
Humanistic Interviews

人文访谈录

(下册)

陈思和 著
陈丙杰 选编

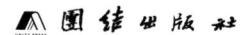

团结出版社

目 录

第三辑

002　做同代人的批评家——答金理
024　学院批评在当下批评领域的意义和作用——答梁艳
040　评论家不食人间烟火　文坛会干净得多——答陈仓

第四辑

056　大学教育与当代知识分子的岗位——答张新颖
071　教育的历史与现状——答李辉
095　从中学语文教材改革谈起——答刘旭
107　文学会使校园变得更美好——答刘志荣
120　让自我超越自由与无用——答朱朋朋

第五辑

134　关于"火凤凰"，我还要说什么——答王文祺

143　在出版中贯穿人文精神——答金理、黄华远
153　继往开来——答姚克明
161　传承人文薪火——答黄发有
184　我与图书馆是很有些缘分的——答傅艺伟
198　坚持：知识分子的精神岗位是不能改变的——答柏琳

205　编后记　陈丙杰

第三辑

做同代人的批评家
——答金理[①]

金理(以下简称金)：陈老师，刚刚读完您的《批评与创作的同构关系》。本来我担心完成这个访谈的差事对我而言可能有点无话可说，现在倒觉得确实有很多想法准备和您交流。这篇讲稿回顾了文学史和批评史，结合了您自身的批评实践经验，当然重点是回到新世纪的现场，分析了症结，也表达了某种希望。您提出创作和批评的同构性，依据是这两者呈现的都是对当下生活的理解。我在想，对生活的感受和理解是千人千面的，这里不存在正确与否的问题。以前我们经常会围绕着真假的价值判断做文章：哪种生活是本质的、典型的，符合正确世界观的；哪种生活是现象的、表面的，不值得进入文学。现在看来，所谓对生活的理解，不存在准确不准确的问题，批评家要判断的，是作家对生活的理解是否真诚，其感受是否新鲜、细腻、具有穿透性。我想起胡风在他的批评文章中经常喜

[①] 金理，时为复旦大学中文系讲师，现为复旦大学中文系教授。

欢在"感觉"与"感受"这样的字眼后面加上一个"力"字，创造出"思想力"、"感觉力"这样的词。我认为，这样的做法，一方面是强调这种力量的实体性——往往能刺穿教条、概念的空壳而抵达活泼的具体事物与流动的生活世界；另一方面是强调这种力量发生的动态性——主体与生活世界突进、化合的过程。是不是应该这样来理解？

陈思和（以下简称陈）：你说的"哪种生活是本质的、典型的，符合正确世界观；哪种生活是现象的、表面的，不值得进入文学"的问题，现在已经基本上不存在了。过去我们的创作被约束在所谓的"现实主义"教条之下，必须有一个理论前提，就是生活的意义是有"本质"的，世界的意义也是有"本质"的。那什么是"本质"呢？我们不知道，是掌握话语权的人告诉我们的。按照当时流行的社会主义现实主义理论，所谓生活本质就是，社会从低级到高级发展，从一个不完善的社会向一个理想的社会发展。顺着这个发展来表现生活现象的，就是本质的生活真实；如果不按照这个理想的发展去描述生活，那就是非本质。举个例子，1980年代我们的文学表现改革开放的中国——改革开放政治路线当然是由权力者决定的，在理论上是代表着未来的发展方向，中国只有通过改革开放才能达到理想境界——那么，所有文学作品都应该描写、反映改革开放好的一面，这个才是达到生活真实的"本质"；如果要揭露改革开放过程中的负面现象，那就是改革开放当中的阻力，那就是生活的非本质，这个就要被批评。这就是本质论。你只要去看1980年代的文学创作，80%以上写改革开放的作品，一定是塑造改革开放的当代英雄，像乔厂长啊；相反，反对改革开放的人物都是坏人，或者是犯错误的人，官僚主义啊，落后群众啊，等等。那这样的小说在生活中有没有"真实性"？当然有，在某些地方确确实实就是这样发生的，但是这是否意味着生活中凡是支持改革的都是对的？反对改革的都是错的？似乎也很难说。改革开放是不是一定会带来理想的结果？连邓小平都说这是"摸着石头过河"。既然是"摸着石头过河"，那就肯定有成功的和失败的，肯定有正确的改革和错误的改革。但是在1980年代，作家只有站在支持改革开放一边，小说才具备"本质"的意义，批评家也才会支持他。比如，蒋子龙写《乔厂长上任记》，大家都支持他，为什么支持他？不是支持蒋子龙本人，是因为他写的改革开放的题材最有力度，人物也写的符合大家期望的那种人。过去我们的评论家和作家的所有认识，都是在这个大前提下进行的，几乎没有一篇文艺作品是对改革开放本身提出质疑的。这样的小说是没有的，就是有也发表不出去。所以，我说过，中国没有像柯切托夫那样理直气壮的左派作家。

可是到了1990年代以后，这个大前提崩溃了。就是说，现实主义本质论这样一个大前提崩溃了。比如说张炜。在他笔下，涉及改革开放的行动，往往都是消极的，比如建立高尔夫球场、造别墅、土地兼并等等，在张炜眼睛里所有这些东西都给人们带来灾难。过去很多人都批评张炜，说他是一个保守理想的体现者，看不到社会进步的力量。这是对张炜批评的焦点。但是现在我们不会这样说了。当然，只有坚持改革开放才能推动中国进步，这一点没问题，但是在改革的过程中会带来许许多多的负面因素。那么这些负面的东西我们该怎么去评价?在过去我们没法处理,过去的文学作品在面对这样的生活现象时是失语的。然而张炜以他的艺术实践解决了这个问题,反而我们批评家严重滞后于社会的发展,我们看不到这些复杂面。再比如说,"农业合作化"在1950年代被确定为代表社会发展的"本质",于是,所有写"合作化运动"的文艺作品,都不能写消极的一面。如果写农民不愿意加入合作化,这个问题就大了,这个小说就得不到很好的评价。这也就是评论家为什么都喜欢《创业史》,因为《创业史》最坚定、最理论性地描写合作化运动,直接把消灭私有制当做理念提出来,因而评论家都喜欢。这个喜欢不是针对小说本身,而是小说体现出来的理念和评论家接受的理念是一致的,因而评论家有话好说。但是如果当时有一个作家深入生活,发现农民并没有那么喜欢"合作化运动",或者合作化有很多问题,那么情况就复杂了。赵树理后来的作品为什么得不到好评?因为他从生活实感出发,发现并不是那么回事。虽然他也支持合作化,但是现实中,他觉得合作化产生的问题很严重,挫伤了农民的积极性。赵树理把这样的问题表现出来,而评论家就失语了,因为这小说不符合社会发展的本质论。其实这是一个很辩证的问题。如果从理论的深层次上来看,即使我们认定生活发展有本质,这个本质也会带来很多问题。我们在认识这个世界本质的过程中,可能会产生一些问题,那么这些问题允许不允许表达?在苏联早期也有过争论,最典型的就是《静静的顿河》。这里面写到哥萨克反反复复的政治态度变化,这些都是不利于苏维埃的。不过那时候斯大林、高尔基也都认同了肖洛霍夫,这个作品终于能够以完整的形态出现了,后来还得到很高荣誉,但是这样倾向的作品在后来的苏联文学发展中也不被允许了，后来肖洛霍夫写的小说就没有超过《静静的顿河》的。而在中国，从1950年代一开始就不允许写。

这个本质论在1990年代以后才慢慢被否定了。1990年代以后的中国文学，代表"主旋律""本质论"的文学最多只占三分之一，我把它称为"三分天下"：代表知识分子立场的批判文学，代表文化商品市场的通俗文学，以及代表主旋律的文学，大概各占三分之一。到了新世纪以后，近十年来的文学状况又出现了很多变化，"主旋律"也不再像1990年代那样要求作家一定要写什么"本质"，"主旋律"的界定越来越模糊。模糊的标志就是，茅盾文学奖可以容忍麦家的类型文学和贾平凹、莫言、张炜的批判文学。由此也可以看出，代表主流方面的批评立场也在变。这个变可以说明很多问题，如果我们深入讨论的话，它涉及到中国历史形态的一个发展和演变的问题，这个不是我们今天的话题，我们把它搁置起来暂且不谈；这个变化带来的另外一个后果就是，作家在探讨生活意义的时候，个体性突出了。这个时候我们判断作家对生活的看法，已经不知不觉地打破了"本质论"的前提。就是说，我不需要表达这个社会的"本质"，或者说，社会发展变化本来就没有"本质"，就是有"本质"，作家也可以站在自己的立场去表现，用多元的方法去理解和表现这个"本质"是什么。在这种情况下，作家的多元性和个人性为批评家提供了选择的可能——如果作家都只能写一种理念和看法，批评家也只能接受和阐释这样一种理念和看法，那这个理念和看法就关乎所谓的"本质"，就只能用这个"本质"的东西去衡量作品。我在1970年代学的就是这个东西，当时我在卢湾区图书馆学着写批评文章，第一个要考虑的就是作品到底是歌颂谁反对谁的问题。你掌握了这个标准，其实作家也掌握了这个标准。作家介于生活和理性之间，它要贯彻理性，必须要借助生活，可一旦面对生活，就看到有血有肉、五花八门的活生生现象。他要把五花八门的现象统摄到这个理性当中，实际上是很困难的，因为生活的很多地方要大于理念。我们当时的批评界起到一个不好的作用，就是将生活的多样性、溢出本质的东西都当做消极的一面。所以我说，当代文学以前最大的问题就是，批评家都是官员，都是权力者。这种情况在"五四"时候是没有的，到了1950年代以后才有，那时候几乎宣传部的、作协的官员，"文化官员""机关刊物主编"等等都成了批评家。他们就是领会上级精神之后去管理和指导创作，所以批评家当时是至高的权威，决定着创作的命运。在1980年代后期，也就是从我们这一代开始，发生了转变。这个转变有很大一个原因是，那时的青年批评家大都在高校里受过系统教育，后来的工作大都也是在学院里，他们没有指导文学的权力，他除了指导学生就没有其他权力。这种情况下，批评家就有了选择批评对象的可能性。当这个作家对生活的理解和这个批评家对生活的理解发生共鸣的时候，他们就会结成一个圈子。当时吴亮有一篇文章《论圈子文学和圈子批评家》，就是谈文学界的"圈子"。当时北京的主流批评家，比如《文艺报》周围那些主流批评家，基本上还是官员，他们的立场是一致的，带有"本质"性的，他们批评上海的批评家，就是指一批围绕在李子云主持的《上海文学》周围的非常活跃的年轻人。他们认同上海批评界的确活跃、尖锐，但是他们最担心的就是"圈子"性。那个时候"小圈子"是个贬义词,指那些搞宗派主义、反革命活动的团体。作为回应,吴亮就写了那篇文章,意思大概是,所有的批评家都有圈子,不是在这个圈子就是在那个圈子,你不可能包揽天下,唯独由你来指导。这说明吴亮这样的批评家与北京主流批评家的立场已经不一样了,后者只有一个立场,就是官方的主流立场。你如果站在这个立场上,不管是哪个人,表达出来的意思是一样的。可是1980年代文学就开始多元了。文学的多元化是到了1980年代后期出现的,标志就是"寻根文学"的出现。"寻根文学"出现时,当时不仅是有些文学观念保守的批评家反对,主流批评家反对,就连当时作为知识分子良知的代表也不赞同。他说你们都不关心国家的改革大业,都在写那些古老的落后的东西("寻根"是从民族文化开始的,在他们看来都是很落后的东西)。同时,所谓的"先锋小说"也出现了,马原、孙甘露等出来了;还有那批所谓的"现代派",像刘索拉、徐星等。于是文学分化了,再沿用以前的"本质论"的标准是拢不住了。

先锋文学出来后,就会有先锋文学批评家去阐释。如果没有先锋批评家去阐述他们的主张和理由,那这个先锋运动就没有人理解,这个先锋运动肯定会被淘汰。能够认识先锋意义的批评家,肯定不会是持传统立场的批评家,比如余华的小说发表后,第一篇评论出自张新颖老师。那时张新颖还是个学生,而其他的批评家还在观望。因为审美方式和文学取向都不同,即使是很优秀的批评家,他也没有办法去阐释一个在方式和审美取向上不相同的对象。因此我觉得1980年代后期,批评家也开始分化了。这其实是个好的现象。看上去批评家的功能是减弱了，但正因为减弱了以后，批评家自己对于生活的理解才能凸现出来；他有创作作为依据，本来模糊的、理念化的东西就变得实践化了，比如说借助于"寻根文学"，就可以阐述自己对于文学或者文化的看法。我觉得作家是介于理性和生活当中，而批评家是介于理性和审美当中，后者也要进入到文学作品中才能审美，否则他就不是文学批评家，而可能是哲学家或者是思想家。所以我觉得，只有生活变得多元，文学才能变得多元，这时用"本质论"去解释生活的大前提就不存在了，文学也就相对自由、相对个性化了，批评也就有了选择的可能性，变得多元化了。1990年代以后文学界的分野非常清楚，有些东西是不需要批评家的，比如通俗文学——通俗文学有大量读者去追随它，它是不需要批评家去阐述的。但是知识分子的文学、学院派的文学，需要不同的批评家去阐释。比如说那时有的人喜欢"新状态"文学，从"新写实"这一路过来的，当时陈晓明、张未民、王干他们就鼓吹这个，当然也有人不喜欢。生活的多元性就是从这个时候开始的。我一直认为1990年代文学取得的成就高于1980年代，所谓1990年代的"批评缺席"，其实是个伪问题，就是说统一立场的批评家没有了，批评的权力中心没有了，但是从多元性、自由性、个性来说，还是1990年代以后的批评更有力量。

金： 您基本上作了一个当代批评史的回顾。不过回到当下，文学批评的状况似乎不让人满意，不仅是圈外人"炮轰"，批评界的内部人士也觉得并不乐观。

陈： 问题是后来又有许多变化。为什么今天还是感到批评很寂寞，这倒不是与主流意识形态有关，而是与我们的教育体制有关。当今的文学批评主要出现在两大领域：一个是传媒批评，一个是学院批评。两者也不能截然分开。我今天主要想说学院批评的问题。现在的文学批评家主要在学院里，但是当代文学不在学院里，当代文学还是在日常社会生活当中，当代作家可能还是面对生活第一线。这两者在认知上是有冲突的。在1980年代，当我们这一代开始从事批评工作的时候，虽然我们的主要职业、工作岗位也是在学院里，但是学院对我来说只是上上课。我的很多兴趣和活动都不在学院里，而是在社会上做一些事情，如提倡"重写文学史"，参与"人文精神寻思"，编"火凤凰系列丛书"，这些都与学校没有关系。但我与作家是同时面对生活的，他们描写的生活中的很多问题，比如说农村、改革、"文革"等，我也体验过、关心着。但是今天的学院状况就不同了，第一个原因是学院体制越来越强化，我们的当代批评家主要精力都放在学院里，上课、带研究生、申报项目、做课题，等等，忙个没停。学院的墙已经把批评家和社会隔离开了。批评家的主要身份是教师，主要任务是教育学生，他的教育方法必须要因循教学体制的规定。这个可能对北大、复旦这样的学校还影响不大，对地方上的院校却是一个很大的限定。如果一个老师在报纸上写文章非常尖锐，对揭露生活的作品非常赞赏，可是他在课堂上局限于课堂纪律，必须讲一些教材里的内容，而这些教材可能是很教条的，没人相信的教条，那么这个老师在学生面前就会失去信任感。现在老师为什么没有以前那么高的威望？我觉得这是一个非常大的问题。第二个原因是现在教师的所有精力都扯到科研项目上了。表面上看，做项目与你从事文学研究没有什么本质上的冲突，还给你钱花，你也可以把你的思想记录进去。但是其实有很大的问题。文学批评和文学研究两者功能不一样，文学研究是研究相对稳定的现象，文学批评是研究和生活同步的现象；文学批评要求的是对生活的变化有一种敏感的理解，而且这种敏感是借助于对同时代同样敏感的文学表达出来的——这些要素，我们一般是没有办法归到项目里、归到科学研究当中去的。你要研究，你就必须面对过去的文学史。所以为什么我们的研究生写论文，明明研究的是当代文学现象，但一拉开架势就是从晚清的现代化谈起，一讨论就是百年文学，因为比较稳定嘛。如果面对现实，他就必须自己要拿出判断，而这种判断多半是不成熟的，可能还会发生问题。所以，做学术研究可能是要关注一些已经被历史肯定的东西，但是文学批评却相反，一定要联系现实。文学批评如果老是关注过去的东西，这个批评永远没有力量。当个批评家，和当一个老师、一个学者，其实是两回事，就是说，你自己要有意识：我作学术研究就是要面对历史文本，但做批评是一定要面对当下的。这两者有关联，但是功能不一样。第三个原因与此也有关系。在我看来，今天高校里90%以上的研究当代文学的青年老师，都自觉往学者上面靠，他把文学批评也当做学者的功能了，而不是批评家的功能。所以现在要追求的就是要在权威刊物上发文章——在权威刊物上发文章不可能是发当代文学批评，一定是发学术研究性的东西。还有做项目，往往就是做什么"文学史概论"的东西，学者自己就没有一个做批评家的自觉。这就是为什么二十年来我们的研究生制度发展非常快，全国建立了那么多硕士点、博士点，培养了那么多专业队伍，可是我们批评的声音却越来越寂宽，这与教育制度有关系。从培养学者的角度来说，也许当前的学院制度还是可以的，可是培养一个批评家就完全不同。批评是与同时代的文学共生的，如果没有活跃的思想、活跃的言论，文学创作、文学批评就不会发达。我们现在进入了一个常态的文学状态，常态文学不需要批评家，就是现在的通俗文学、娱乐文学等。

当然在这种情况下，文学也可以慢慢演进，好的东西大家会选择，不好的东西会被淘汰，但是我并不认为这是一个繁荣的文学状况。如果说文学发展的流程中有突变，有先锋文学的出现，有一些对社会有巨大推动性的文学现象、思潮出现，那么就需要有批评家在其中起作用。

为什么现在看起来"五四"还那么活跃？就是因为"五四"根本没有一个能够罩住一切的批评家。比如《新青年》的批评家周作人，即使写了《人的文学》，他也只是一家之说，现在写文学史把他的作用夸大了。当时对他来说，身处于一个先锋团体中，一定要发表一些"高论""怪论"的，要发表一些尖锐批评、标新立异的言论。你要这样来理解"五四"，它就是一个先锋文学思潮——一些批评家先起来呼吁，然后有创作接着跟上。你看为什么先锋团体里的小说家、诗人、剧作家，往往自己都是批评家？他要把自己的理论伸张出来，要发表宣言，因为当文学要发生激变的时候，批评会比创作更重要。不过，一般艺术家自己发表宣言，多半都是模模糊糊，理论上说不通；可是如果这个团体有好的批评家参与，那么这个思潮就会变成大思潮，就会对生活、文学产生很重要的影响和推动。1980年代的"寻根文学"，其实就是在"杭州会议"上，批评家和作家坐在一起讨论，共同参与、建构的先锋思潮。我们现在已经没有这种情况了，现在的研讨会都是学者坐在一起，作家孤零零坐在那里，周围都是一群批评家在指指点点。那时候的会议不是这样，作家和批评家在一起开会，作家提出大量创作经验，谈他们怎样发现、怎样理解生活；批评家根据作家提供的内容产生了自己的想法，再反馈回去，并不事先准备好稿子。阿城当时发言谈如何写《棋王》，就直接触动了批评家宋耀良，宋耀良提出的"东方意识流""东方思维"等概念，是与作家有互相感应的——作家有感性的东西，他讲不出理论，而批评家调动起知识积累，把这些感性的东西上升到理论去阐述。我印象非常深，当时的"杭州会议"上，作家最早发言，阿城、陈建功、李陀……然后再是批评家，南帆、宋耀良、鲁枢元……现在这样一种作家、批评家亲密交流、合作的文学气氛没有了。批评家都开始端起了学者的架子，不与作家在一起平等地交流想法。所以，我认为今天要活跃文学创作和批评，一定要恢复这种小圈子的力量。你要承认，批评是有局限的，批评不是包打天下的，它要把自己的审美理想通过几个作家的创作来发扬，然后阐释出来，被大家承认。你想当时左翼运动其实没什么大作家的，除了茅盾、丁玲以外大多数都是小青年，没什么大作家的，可当时左翼批评远远走在创作的前面，因为当时有瞿秋白、冯雪峰、胡风等一批批评家。胡风当年谈了很多张天翼的创作，张天翼当时还是小作家，胡风还评论艾青，艾青还关在牢里，也是一个年轻人，可是你看，后来他们就成大作家、大诗人了。包括田间、沙汀、艾芜、叶紫，当时都有不同的批评家在鼓励他们，后来慢慢就成名。特别是沙汀、艾芜,他们当时流浪来上海,放在今天其实就是一个"沪漂",或者说是一个流浪艺术家,他们想写小说,给鲁迅写信,鲁迅发表《关于小说题材的通信》,一下就把他们抬起来了。而我看现在的作家其实是非常寂寞的。为什么寂寞?因为他得不到知音。作家并不希望批评家只说他好话,他希望有懂他的知音。他这个小说写出来,没有反应。一般的读者只有喜欢不喜欢,讲不出理论,无法帮助作家去提升。这个"提升"和批评家所谓高于作家、指导创作是不一样的。作家在写这个东西的时候,也许并不清楚自己的创作可能会达到一个什么样的高度,如果有一个好的批评家,和作家志同道合,他就会帮作家指出理想的图景应该会是怎么样的。那对作家是一个鼓舞。而这样一个和谐的关系失去之后,批评家和作家之间的锁链就失去了。我觉得"70后"作家,一直到"80后"作家,都没有遇到一个好的批评环境,或者说,没有得到批评的支持、响应,原因还得归结于学院化。因为学院化,要求你做学者,你就没有兴趣面对不成熟的文学。所以你看大量的博士生论文,一研究就是莫言啊、王安忆啊、贾平凹啊……因为这些人已经走过来了,已经变成典范了,他们的作品被批评家不停地演绎,杂志也觉得讨论这些人有价值,媒体也觉得这些人吸引读者眼球,我觉得这一代作家是最被宠爱的一代作家。反过来,如果你要用博士论文去演绎一个"70后"作家,可能连导师那里也会通不过。所以"70后"作家碰到的一个最大问题是,他们得不到一些知音的批评家与他们共同面对今天的时代。作家是非常敏感的,你看1960年代出生的作家和1950年代出生的作家,他们受的教育是同步的,都是"文革"以后的 1980 年代思想解放运动，但是他们的生活经验不一样，他们表现出来的生活，以及对生活的理解就不一样。莫言写"文革"，一下子就把"文革"以前 1950 年代的那种饥饿、灾难都带出来了，可是余华写"文革"，一写就是童年记忆，跟 1950 年代的作家就是不一样。可是到了"70 后"，他们对生活的理解，他们对生活的批判，以及他们表达出来的经验，就得不到批评家的呼应，结果他们写的经验只能是模仿上一代作家，只有写了上一代作家的经验，批评家才会认可。"80 后"作家也遇到同样的问题，最典型就是张悦然。很多人不选择韩寒，不选择郭敬明，就选择张悦然作为"80 后"作家的代表。为什么？因为张悦然的很多经验是表达上一代人的经验，比如寻根，再比如写民族的愚昧等。这些东西比较容易被大家接受，但未必就是她自己的感受。韩寒也是。韩寒批判当代生活现象时，有些想法很尖锐，可是你看他写小说，比如他的《1988》写得并不深刻。为什么不深刻？因为他没有写出"80 后"的感觉——这个故事你放在"五四"，就是《春风沉醉的晚上》。我觉得这里很重要的一点就是"80 后"没有遇到自己的批评家，只有粉丝。为什么当时《三重门》出来后那么受欢迎？就是因为说出了这一代人心里的想法、欲望，可是没有一个批评家把他们这一代的想法用理论化的形态阐述出来。韩寒的博客比小说写得好，批评很尖锐，说到底，一方面说明韩寒已经长大了，他的经验和上代人的经验沟通了（人的成长一定要和传统结合起来）但从另外一面说，我觉得他还是没有把他这代人的真正感受表达出来，很可能他有自己的想法，但这些特殊的东西可能被湮没了——大家都不去注意，或者说大家不去挖掘那方面的东西。我看了你和李一编选的《新世纪十年小说系列·青春卷》,当时看了就有点不满意,你们选的是不错,但是这个"不错"里面还是看不出"新一代"的东西,就是说,还是在迁就原来的审美标准。而如果年轻作家的新鲜经验得不到支持和褒扬,慢慢地他自己也会觉得不重要。王安忆1980年代开始写"雯雯"系列的时候,很多老一代批评家很关怀她,觉得她是茹志鹃的女儿啊,但是也觉得雯雯的天地太小啊,要跳出来。王安忆就很努力要跳出来,跳出来写,写不好又写回去,有过反复的过程。最后你看,王安忆写来写去还是离不开她自己的天地,我觉得她骨子里属于自己的那片天地,从这片天地衍生出《69届初中生》《纪实与虚构》《长恨歌》,一路走下来,才会有今天的《天香》。

金: 您近期的文章都在围绕着"先锋"与"常态"展开。我的理解是,您是以自身的批评实践在新世纪召唤文学的"先锋性",视其为文学发展的核心力量。而我觉得"先锋"的出现,是要"人力"和"天时"相配合的,它是在常态的文学上加上一鞭。因此,这首先来自主观的能动,同时也要获得客观社会形势的支持。我记得章太炎、胡适都表达过这种意思,近代中国之所以"你方唱罢我登场",原因之一是"中间主干之位"("社会重心")的不稳固,一直处于寻求过程中。胡适多次提及"历史上的一个公式":在"变态"的社会里,政府腐败,那么干涉政治的责任,一定会落在少年的身上;相反,等到国家安定了,学生与社会的特殊关系就不明显了。也就是说,在"变态"的社会里,学生运动、青年力量在社会生活、在文学中,均能大显身手、鼓动人心。像您提到的"中年作家",他们出道时正逢百废待兴的过程,这是历史提供的客观际遇,他们是这个过程的推动者、参与者,今天看来也是受益者。"五四"与"80年代"都恰逢这种客观际遇。但是如您所说,从"文革"后到今天,中国社会结束了持续动荡、骚动的"青春期",逐步进入了告别理想、崇尚实际的"中年期"。这样的局面是不利于青年人脱颖而出的。在一个无名时代里,没有占据统治地位的力量、立场,在冲突之外更多的是妥协、合谋,甚或在看似轻松的环境中随波逐流,创作者往往意志消磨而难以聚敛精气,或如置身"无物之阵"难以找到掷出"投枪"的靶子。先锋精神能否最终被主流文学吸纳并扭转后者的发展方向(这是我们确认先锋成功的标志),这取决于先锋精神自身的能量大小——它能在多大程度上刺穿主流文学坚固的肌体并在其"井然有序"的内部引起震撼?它能否提供鲜活的、足够异质性的血液?我的问题是:一方面,在创作和评论中,我们都应该呼唤具备顽强战斗力与惊人预见性的先锋精神;但另一方面,我不知道作家、批评家能在多大程度上"反动"时代和环境施予的根本影响?

陈:在"常态"与"先锋"的关系上,"常态"是主流的,"先锋"是阶段性的。但是在我看来,"常态"的文学是不能建构传统的。传统的成立当然需要漫长的积累,但是反过来说,一个源远流长的传统往往不是靠老师带学生带出来的。在"常态"当中,传统会慢慢趋向没落,从盛而衰,在这个过程中,学生一般是超不过老师的,比如孟子接孔子的衣钵,但孟子无法超越孔子。到什么时候会有转机?就是出现"对立面"的时候。传统的发展是通过"变异"(一个否定之否定)来实现的。

"对立面"用外来的新资源补充了传统,可能一开始会吵吵嚷嚷,但一个真正有生命力的传统最终会包容"对立面"。这个时候传统就发展了。张文江讲课时经常提到"偏得",这是有道理的。正常的传道授业,底下听讲的学生未必有出息,旁边一个马夫、和尚随便听听,就听进去了——他根据自己的实践领会,又结合了老师的传统,这样一"碰撞"就有新的东西产生了;这个新的东西再度被传统容纳进去,传统就发展了。所以一个传统如果经过几代大师发扬,其中肯定有"变异",这个"变异"有时候明显,有时候不明显。这次我到意大利去讲学,看了许多古罗马时期的艺术雕像,非常有感受。之前我一直很喜欢米开朗基罗,我把他看作是文艺复兴的天才偶像。但是到了佛罗伦萨以后我发现,米开朗基罗等艺术大师诞生在意大利是必然性的——古希腊、古罗马的艺术雕塑远远超过文艺复兴的艺术,那种神话人物的雕塑都是巨大的、裸体的,肌肉比例非常夸张,在这些雕像面前,能唤起对人、人性力量的强烈信念(中国庙里的菩萨也很大,但反衬了现实中人的渺小)。我在拿波里看到从庞贝废墟里抢救出来的这些雕塑,就想到文艺复兴为什么发生在意大利了。很简单,文艺复兴的大师们不是凭空想象出人类自身的伟大,而是看到了古希腊、古罗马贡献了那么多好的艺术作品,于是米开朗基罗在描绘先知、上帝、亚当和夏娃的时候,也开始用古希腊、古罗马的方式来表现,比如米开朗基罗的雕塑作品《大卫王》,与古希腊阿波罗的雕塑非常相像,把人当作神来表现,非常大气。对于米开朗基罗那代大师们来说,其实就是古代的传统召唤"我"这么做。于是,文艺复兴和古希腊、古罗马有了对接。但是文艺复兴对于基督教文化传统来说是一场裂变——中世纪否定了古希腊，而文艺复兴否定了中世纪（"否定之否定"）。文艺复兴之后，人类成为了所谓的"天地之精华，万物之灵长"，一路发展下来，到现实主义时代，就有了表现普通人日常生活的题材。现代主义艺术兴起后，表面上来说否定了文艺复兴以来"人"的主题，可这种否定"人"现在也成为西方文化的传统。我们今天面对梵高、马蒂斯，觉得这就是西方现代文化的主流，但这种主流初现时，是以裂变的、反叛的方式面世的。所以人类的演进，并非像达尔文描述的那样遵照进化论按部就班，而是中间经过巨大的否定与裂变，这已经有科学根据了。人类的文化也如此，否定过往，产生新的范式、新的艺术、新的经典，这些新出现的东西慢慢地又和以前的东西结合起来，于是给传统带去了生命力。这是文化发展的规律。当然传统肯定不喜欢新的东西，后者意味着对前者规范的否定，前者一定会压制后者，所以裂变具备的力量要强大，力量不大就被传统扼杀了。当然扼杀也会为下一次的裂变提供资源，比如说斯特恩的《项狄传》，一出来就被压制，当时的西方文化中就不允许有"现代派"的东西出现，所以《项狄传》就寂寞地过去了。但是等到卡夫卡出来后，他也许会觉得《项狄传》很好。当然卡夫卡也是寂寞地过去了，可是今天，当我们经过了现代主义阶段后，再回过头重新认识《项狄传》、卡夫卡，发现这两者也慢慢融合到西方文化的传统之中。同样道理，恰恰是"五四"批判传统文化，才为传统的发展提供了新的东西，这些新的东西今天也成为我们传统了。没有这样一种观念的话，我们的传统会越来越狭隘、僵死，不仅不会推动社会发展，而且会自我束缚，自我萎缩。

　　回过来看我们今天的文学。今天文学是不是进入了一个"常态"？"文革"大动乱过后，人心思安定，社会慢慢进入一个秩序当中，商品经济、消费文化一出现，好像又进入一个太平时代了。这是从我们中国的立场来看的。如果从西方的眼光来看，这是一个资本原始积累的时期，市场经济一方面高度推动生产力发展，人的欲望也被刺激而生；另一方面也会给社会带来负面性的巨大动荡。这些都是被历史证明的。马克思主义就是在资本主义高速发展、社会大变动的时期诞生的。我曾经说过，中国是一条潜龙，潜龙勿用，躲在地下是不能动的，如果一飞冲天，肯定会天摇地动，污泥浊水都带上天。这种动荡怎么能用"常态"方式引起的变化来比附呢？关键是今天人的创造力、想象力被压制住了。从人类历史来看，高速发展时期不会是一个"常态"社会。资本主义高速发展时期，浪漫主义、批判现实主义、现代主义……一波又一波就这样产生。今天这样的时代，一定要出现先锋，才能推动文化发展，同时将传统整合起来。而文化又会反作用于时代，这是一个辩证关系。今天很多人倡导国学，拜孔子，读《三字经》，我认为都没有什么意义。今天你们这一代年轻人就应该选择新的东西来研究、解读。

　　金：我想起自己的一个经历：我一直想和朋友做一个栏目，当时把名字都想好了，叫"80后：新文本与新批评"。当时的设想是找一批写评论的年轻朋友，以作家作品论的方式，一人一篇，来评论同龄人的创作。当时我们很兴奋，认真商定研讨和写作的对象，觉得这既是一次对文学的检阅，也是对自我生命的检阅。没想到，本来有意向的刊物后来不了了之，我们自己也接触了几家刊物，都谈不下来。我想那些刊物的顾虑是：这是一个时髦的话题，但它具备研究的可能吗？在惯常的理解中，文学批评是文学史或者说经典化的第一道"滤网"，"80后"文学值得研究者积极地"跟进"吗？这些暂且不谈。我觉得有问题的是，有位编辑老师告诉我：作家作品论的方式已经没意义了，这种方式无法进入年轻一代的文学。但今天我有了一点信心。您在《批评与创作的同构关系》中提到《1988》里那个私生子的细节，进而和上一代创作中的"无后"现象作比较。受您的启发，甚至我想还可以用您在《中国现当代文学名篇十五讲》中的方式来考虑一下这个细节背后"托孤"原型的意义（在这个婴儿诞生的过程中，哪几种力量牵涉到其中）。我觉得这个看法非常新鲜。这其实是以您一贯倡导的"文本细读"的方法为韩寒小说赋予了新的意义。我之所以觉得新鲜，是因为在我看到的对"80后"文学的解读中，最多的就是文化研究的那种方式——避谈作品，而关注作品背后的新媒体和文学生产等——这也造成了一个问题：我们往往以传媒话题、娱乐新闻、粉丝心态的方式去理解青年人，而对于这些年轻人业已创作出的丰富的文学文本却不认真对待。

陈：你说得非常好，应该这样来做。当时我是在和李一讨论她的博士论文时，提到韩寒小说中的这个细节的。"80后"还很年轻，他们对生命现象很敏感，不会像莫言、王安忆、贾平凹笔下出现畸形的"无后"现象。你刚才提到的很有意思，可能韩寒在创作时未必明确意识到，这里是不是有一个隐喻：新生命的艰难诞生。小说中还有一个细节："我"叫那个女孩子娜娜站到窗户边，把阳光遮住，好让自己睡觉；等"我"醒来时发现，从下仰望，那个站在床边被阳光穿透的女孩形象，像圣母玛利亚。当时我读到这里一闪念：这个女孩子是妓女，妓女却像基督一样伟大。这里有同构性。小说中的孩子是私生子，父亲是谁不知道，注定其出生要经过很多坎，很多神话中都有这样的原型。我把这个隐喻理解为"80后"在想象一个新的世界。从这个角度去想，你就会觉得"80后"是很有力量的。韩寒小说中还有一个细节，写主人公小的时候爬在旗杆上，眼睛往下看一片乌黑黑的人，人群中有个女孩子是他想象中的女朋友，后来这个女孩子的经历好像也很坎坷。韩寒在小说中为什么写这个细节，而且选到《独唱团》里发表？我的感觉是，这似乎是对自我成长经历的一个隐喻：自己还很不成熟的时候被人们捧到旗杆上，这个时候非掉下来不可。我很鼓励你们这样做：志同道合的朋友聚拢，先放低架子，不要把自己放到一个比同代作家高的位置；然后根据学过的文艺理论，结合自己这一代的生命经验，进入文本的解读，用形象逻辑推理出艺术真实，这个艺术真实的境界可能作家的创作还未抵达。我觉得优秀的批评家就是这样的。

金：我们这一代的年轻人应该关心同样年轻的新秀作家，而本质上，其实您提出的是：批评的审美标准到了一个该更新的时候了；再沿用"中年作家"的规范，可能对新出现的审美精神、表达时代生活的新方式和新感受产生遮蔽。

陈：每一代人感受时代都有自己的方式，也形成相应的独特表达。比如，我在解读卫慧、棉棉的小说时，发现她们有单亲家庭的背景，这在我们这代人身上是没有的。因为单亲家庭，所以就会出现对父母的报复，于是迁怒于达·芬奇、贝多芬等上一代人的文化经典，于是新的审美的力量就出来了。批评家如果不重视这些东西，时代的信息就没了。"70后"的一代作家很可惜，没有批评家与他们形成呼应，没有在后面支撑他们，于是他们逐渐就被时尚的泡沫湮灭了。我鼓励你们年轻人做同代人的批评家。

访谈时间：2012年3月6日

初刊《当代作家评论》2012年第3期

学院批评在当下批评领域的意义和作用
——答梁艳[1]

梁艳（以下简称梁）：三十多年来，您一直没有离开中国现当代文学领域，而且一直兼顾两头：一头是文学史研究，一头是文学批评。您的专业偏重于现代文学史研究，您提出的每一个文学史理论的新概念，都可以看作是你进入文学史研究的路径，但您又坚持在当下的文学批评中发出自己的声音。能否请您谈谈您选择这样一种研究道路的动机和意义？

陈思和（以下简称陈）：你提的问题很好。做一个学者和做一个批评家，两者有很大的不同。但是正如我在为上海文艺出版社编的《中国新文学大系（1976—2000）·文学理论卷》导言里特意强调的那样，中国当代文学批评正在发生变化，这个变化首先表现在文学批评家的身份在发生变化。1950年代以后，中国主要的文学批评家都是文艺政策的制定者和文艺工作的管理者，像周扬、张光年、陈荒煤，等等。他们的身份或

---

[1] 梁艳，时为华东师范大学讲师，现为华东师范大学副教授。

是政府部门官员，或是重要报刊杂志的主编。再进一步说，一个在作家协会里从事理论工作的人，往往又在作家协会里担任领导工作（比如以群），或者在一个刊物担任领导工作（比如冯牧），或者在出版社担任领导工作（比如冯雪峰）。这意味着当时的文学批评与权力的关系非常密切，政策性非常强；文学批评的主要职能是阐述和贯彻国家的文艺政策，用理论批评来引导文学创作者的创作倾向。这样的功能到1980年代以后慢慢发生了变化，尤其是1990年代以后，到现在差不多二十年了，文学批评和权力渐渐分离，于是就出现了新的批评家群体。他们主要来自高校，他们的文艺批评更多的是承担了理论研究、历史反思和审美追求等工作。

1990年代以后，文学批评领域出现了两大批评板块：学院批评和媒体批评。先说"学院批评"。因为高校健全了研究生培养制度，设立了博士点和硕士点，大量的研究生从这个系统中培养出来，他们既从事学术研究，又从事当代文学批评。这些两栖学者主要来自文艺学和现当代文学专业，也可能涉及到一点比较文学，或者一部分是海外回来的学者。这样一种身份必然带来学术与批评相融合的结果，这是构成我们当代文学批评的一个部分。再说"媒体批评"。媒体在本质上仍然受到权力的制约，但更多的是与市场经济、流行文化、时尚等因素结合。"媒体批评"中有非常优秀的批评，尖锐、感性、切中要害。媒体也会借助学院，请一些专家去发言，但更多是通过媒体记者发表报道、访谈、时评等。但"媒体批评"负面影响也有，如通过渲染八卦、花边新闻、打口水仗等等制造各种噪音。另外，随着新媒体汹涌而来，网络、博客、微博一浪高过一浪，几乎制约了流行文化、热门话题、新闻事件的盛衰起落，看似很热闹，但是真正的富有学理批评的声音几乎被淹没，更不要说引起人们的深入思考了。媒体制造热闹效应没有什么不好，但是这种效应与真正的艺术评价、经验总结、理论提升是两回事，不能混为一谈。"媒体批评"的好处是贴近市场，能够比较及时地反映一个时间内市场、读者或大众对文学作品、文学现象的反馈；但没有什么学理性作为基础，一般是即兴的，随风而逝，也不排除它背后有一些权力在操作，或者利益驱动起着决定性作用。若是这种情况下有学者加入了"媒体批评"，那么学者的声音也不属于"学院批评"了。所以，对于"学院批评"，我觉得它的功能主要是体现在大学讲坛、研究生讨论、课堂教学、小型研讨会、专业杂志以及少数严肃的媒体理论版面——我主要从事的就是这方面的工作。

梁：对于"学院批评"，一般人理解的是学术研究，但是我觉得您的工作与纯粹的学术研究不太一样。您认为两者有区别吗？

陈："学院批评"和我们通常所说的学术研究是不一样的，但两者也不能完全分开。批评的立场是比较前沿的，针对当下的文学现象。比如我写了篇鲁迅研究的文章，阐述《阿Q正传》的新内涵，然后拿到学术会议上去宣读，或者在鲁迅研究的专门刊物上去发表，那不是文学批评，而是学术研究——批评应该是针对当下的。再比如我在讨论余华、阎连科的创作风格时，把"五四"以来包括《阿Q正传》在内的喜剧传统联系起来进行分析，分析当代作家创作的意义——这当然可以归为批评。批评与生活同步发展，或者说，批评工作是为了创造当下文化的生态，与创作一起来开创当前的文化事业——正常而健全的批评能够起到繁荣当下文学创作的功能。那么，"学院批评"好不好呢？那是不一定的。首先，从事学术工作的人（学者、教师、研究生）因为身居学院，往往与当下生活比较"隔"，再加上一大套概念术语等等，常常会把生动的文学创作变成一些教条、理念的阐释，不但说不到点子上，反而容易歪曲文学在生活中的意义；又因为"学院批评"总有一种居高临下的姿态，教师的身份在无意间会转换为"教师爷"的身份，指点江山，激扬文字，一副真理在握的样子。殊不知批评一旦丧失了"同情之理解"，它就不能以理服人，批评的力量就会大打折扣。

一般来说，你从事学术研究可以稳坐书斋，在故纸堆里寻求真理，但是你如果要从事文学批评，不管是"学院派"，还是什么派，都应该面向当下社会生活；你写文章也可以引经据典，但是目标很清楚，就是要解决当下文学创作中存在的问题。在学院里从事人文学科的人，常常轻视对当下的研究，有人认为，从事现当代文学研究不那么"学院"，为了弥补这一"缺陷"，有的学者就千方百计地使现当代文学脱离当下社会生活，使之历史化、经典化，以为这样做学科就能站住脚。这里就有一个怎样理解现当代文学学科的特点、怎样激活学科内在生命力的问题。大家都知道，现当代文学作为一个二级学科是先天不足的，与古代文学、外国文学没法相比。从"五四"算起也好，从晚清算起也好，到今天也就一百年的时间。过去唐弢说的"当代文学不宜写史"，换句话说就是，今天的事情怎么能说它是"历史"呢？所以"当代文学史"这个提法是自相矛盾的。别的学科的人也会批评"现当代文学"没什么"科学性",因为你今天研究的东西,过了若干年就可能完全被淘汰了。但是再反过来说,我们人文学科都有这样一个过程。有的学者认为研究两千年前的古希腊比较有意义,古希腊经过长时期筛选,该留下来的都留下来了,该淘汰的都淘汰了,但是在这个两千年的过程中,比如西方哲学发展的过程,本身就是一代代的"当代"研究者筛选保留下来的。古代文学也是这样,《诗经》《楚辞》传到汉代,汉代就是"当代",传到南北朝,南北朝是"当代"。所以"当代"与"历史"本身就有一个辩证的关系,越是接近研究本体的时代,研究所承担的责任就更大,而且重要。从晚清到今天,也就这一百多年的文学,但在未来的两千年里,就会一再有人讨论我们这一百年里留下了什么?这就是我们所研究的成果。文学史就是一代代的"当代文学"构成的,没有"当代文学"就没有未来。我们的学科不是面对过去,而是面对未来的。我在课堂里讲到,我们学科的特点是有上限没有下限的,我们不知道将来会发展到什么状况,它永远处在变化之中。这个变化要我们一代代的文学研究者和作家、批评家一起去推动。所以,我们这个学科本身具有跨越学科门槛的特点,它既是学术的,也是当下的。当代文学的批评家,某种意义上说,他不是研究历史的人,但他是构成历史、书写历史的人,他为未来的研究者提供材料。因此可以说,当代文学研究者的责任是对历史负责,对未来负责,其意义远在研究古代之上。

梁:您在文学史研究中提出了许多新的理论概念,这些理论概念又反过来支撑了您的当下文学批评。如"民间"的概念,

"无名"与"共名"的概念,既是对文学史现象的描述,又对当下文学创作有明显的引导和推动。我想问的是,这两者在您的工作中是如何统一的?是否意味着学术研究和"学院批评"的结合?

陈:一般来说,"学院批评"的长处是比较少地受到市场功利或者流行思潮的影响,它可以从更加超脱的立场来评判创作现象,从更加开阔的学术视野来衡量作品的艺术得失,揭示创作内涵中比较隐蔽的意义。但这也不是绝对的。媒体批评基本上是感性的,印象的,与学术没有关系,但是"学院批评"是要有学术背景和相应的学科知识,只是必须应用得法,恰到好处,让学术背景自然地在批评中发生影响。难就难在这一点。我的专业学科是现代文学,这个学科的特点本身就是没有时间下限的,也就是说,从20世纪初开始到当下,直至未来,都是我们这个学科关注和研究的对象,所以,当下文学批评属于我们学科的范围。它的研究方式不是纯粹学术的研究,而是必须联系当下,着眼于未来发展,并且肩负着推动当下文学创作的责任,这就使我的学术研究和文学批评自然而然地结合在一起。我在1980年代提出过"新文学整体观",就是要把"新文学"(指从"五四"到当下的文学发展状况)作为一个整体来把握,在文学史的背景下对当下文学进行批评和评估。"民间""无名"等概念也都是在"整体观"的意义上沟通文学史和当下文学创作。你可能注意到,这些概念首先是为了解决当下文学创作的问题,然后再返回过去,从文学史经验里寻找其源头和源流,反过来再对文学史现象作出新的理解和阐释。后来我提出"五四新文学运动为先锋运动"的假说,也是着眼于当代的学术争鸣。

  其实批评也有"整体观"。五四新文学早期的文学批评家，做的批评就是前沿性批评，批评家与作家是同步的。创造社中郁达夫、张资平写小说，郭沫若写诗，当时还有成仿吾写批评。成仿吾的批评就是把创作社成员的小说的意义阐述出来推广出去。这样的批评在当时很繁荣，比如文学研究会的批评家有茅盾，新月派的批评家有梁实秋，语丝社的批评家是周氏兄弟，等等。批评与创作是同步的，小团体的，我们把它称作"圈子批评"。今天的"学院批评"，已经进入到第三个阶段了。新文学批评开始是"圈子批评"，后来慢慢就发展成了"政策批评"，就是站在文艺政策制定者的立场上阐释文艺作品，符合政策的就表扬，不符合政策的就批判。"政策批评"起先也是"圈子批评"，但那是从原则出发，比早先的小圈子意识要提高一些。1930年代的"左联"时期，"政策批评"就已经出现了，他们按照苏俄的各种文艺政策来制定中国文艺创作的原则，符合的就说好，不符合的就说不好；1949年以后这种批评更加权力化，甚至走向极端。到了今天，文学批评逐渐进入到第三个阶段。其实"学院批评"在1930年代也有，但影响不大，像朱光潜、李健吾等，总体上分量很轻。所以今天我们再讨论"学院批评"，仍然是个新问题，它既不等同于"五四"到1930年代的"圈子批评"，也不等同于1949年以后的"政策批评"。第三个阶段大致上是从1990年代开始出现的，到新世纪十年有了一定的发展规模——这二十年的中国社会实践决定了这个批评阶段的形成和发达。

  梁：您早期的巴金研究是属于个案研究，但您从个案研究出发，提出了新文学传统的问题，所以才有了《中国新文学整体观》；后来又用您的文学史概念来"重写文学史"，所以才有了《中国当代文学史教程》。在整个文学研究道路上，"新文学整体观"的作用是在什么地方？这样的文学史观对文学批评有什么帮助呢？

陈：是的，我是从巴金研究到"新文学整体观"再到"重写文学史"。严格地说，这条线索是我的学术研究的道路，主要研究的是从"五四"到当代的文学史现象，那也正是我的文学批评的起点。这之前我也写过评论，1970年代末我在上海卢湾区图书馆做书评工作时，就开始学习文学评论（这些批评文章简直就没什么意义，只是一个即兴的阅读意见）。我的学术道路是从进大学接受系统教育以后慢慢开始的。进大学那一年我二十四岁，这之前没有很好地上过学，也没有受过很多的教育，对知识的追求第一是靠自学，第二是摸索，第三是受当时主流思想的影响，按葫芦画瓢似的，无非是这样三个方式。进了大学以后，才发生了很大的变化。当时的思想解放运动把我以前的很多疑团、错误都给以澄清、纠正和清洗。在思想解放运动过程当中，对我个人来说，研究巴金是一个特殊的起点。巴金在我心目当中，不是一个属于过去的历史人物，也不仅仅是一个1930年代的作家。巴金与鲁迅不一样，鲁迅已经离开我们很久远了，我们只能从他的著作里认识他，而巴金是一位活生生的当代作家，他的存在直接影响了我在思想、人生、写作等方面的成长。当时巴金写《随想录》，一篇一篇地发表，这些文章涉及到我生活在那个时代的种种现象：我们怎么理解当下生活，怎么看待"文革"，怎么走向未来，等等，这一系列问题全是当代问题。激起我研究兴趣的，正是巴金在当代社会生活中发生的重要影响。巴金对当下生活的解释、对未来社会的追求，都与我所要追求的认识是一致的，因此，某种意义上，我研究巴金也是在修正我自己的思路，向巴金靠拢，让自己对当下生活做出一个新的认识。这个问题之后又产生了另外一个问题：巴金为什么能达到这样一个思想的高度？在我看来，巴金一直是走在时代前面的先驱者："五四"后他站在反对封建专制的立场上，抗战时他站在抗战的立场上，"文革"以后，他还是走在思想界的最前面，反思"文革"，追求一个更高的理想境界。这使我对巴金的世界观产生了兴趣——是怎样的世界观决定了巴金晚年仍然处在战士式的奋进之中？我开始研究巴金时，不是研究《家》《春》《秋》，而是研究巴金早期的思想信仰、世界观，以及他对旧世界彻底否定、永远站在弱势群体一边的思想激情。这种思想和激情是哪里来的？这对我以后的人生道路起到了一个关键性的作用，也是我进行当代文学批评的主要动力。

"新文学整体观"的研究是从学科建设出发的。当时现代文学和当代文学好像是两个学科，很多高校中文系是把它们分成两个教研室，研究现代文学的人不涉及当代文学，研究当代文学的人也不了解现代文学；方法上也有不同，研究现代文学的人常常像研究古代文学靠拢，编年谱啊，写评传啊，作综合研究啊，研究当代文学则主要是评论作品，探讨作家风格，还要进行一些必要的争论，这些争论的文章都是发表在报刊上。1984年刘再复提倡"新方法"，兴起了一个潮流。我当时正在读李泽厚的《中国近代思想史论》，他提出的"六代知识分子"的框架很吸引我，我就想，现代文学史是否可以看作为一个整体，以"六代作家"为线索来综合研究？这样所谓的"现代""当代"就不分了。当时新文学运动才六十多年，很多作家都是从现代到当代一直在写作。这样一联系，很多文学史现象就看得比较清楚了。我当时提出"整体观"也是着眼于方法论，有了文学史作为参照，研究者就可以更加全面地把握作家作品以及某些文学现象的发生。比如1990年代初，中国开始实行社会主义市场经济，社会转型带来一系列新的社会问题，包括文学边缘化、作家人生道路的重新选择，等等。当时很多知识分子都有惊慌失措之感，但是如果你有了现代文学史的背景就会明白，在1930年代的中国不也是市场经济吗？在那个时候作家们是如何生活的？鲁迅、巴金他们没有因为文学边缘化而弃笔下海经商啊。前辈的写作实践、生活实践给了我们很大的启示，使得我们能够更加准确地把握当下文学出现的种种现象。社会上很多现象看上去很新，其实太阳底下并没有什么新东西，只不过以另外一种形态再次出现而已。

我以后的文学评论走的基本上是这样一条路。面对新的文学作品，我考察两个向度的问题：一是在中外文学史上有没有出现过类似的现象，通过比较研究，来寻找文学史因素或者世界性因素，由此也考察当下作品在文学史的发展中有什么新的贡献；二是文本分析，通过文本细读来考察文本与当下社会生活的关系，揭示文本所隐含的丰富意义。第一个问题需要有比较丰富的中外文学史知识和联想，如我在张炜、阎连科的小说的讨论中引进了古希腊文学传统中的"恶魔性因素"之说；在余华《兄弟》的讨论中引进巴赫金关于拉伯雷《巨人传》的"民间理论",都是为了丰富当代中国文学的创作意义;第二个问题则需要有较高的文本解读能力。

梁:我读过您的《中国现当代文学名篇十五讲》和《当代小说阅读五种》,前者是对现当代文学史上的经典名篇做文本细读,后者是对新世纪五位小说家作品的解读。您在这两本书里不拘陈说,标新立异,尤其是后一本书里,您对当代作家贾平凹、张炜、莫言、阎连科和余华都给予很高的评价,对一些引起争议的作品(如《兄弟》《秦腔》《生死疲劳》等),您都写过长篇论文给予力挺,而且产生了积极的影响。但也有人批评说,您这种批评其实是"过度阐释"。您怎么看这个问题?

陈:文学创作与文学批评互为因果。文学作品一旦产生,批评家就通过对作品的阐述来调整文学与生活的关系,同时这个理论阐释为作家或接受或刺激,然后有更丰富的创作。这样一个过程,很难说是批评依靠创作还是创作依靠批评,两者是文学事业的两面,它们都是直面当下社会生活的。对批评家来说,他的工作主要是研究文学创作如何表述当下文学生活,他通过理论形态的研究,更进一步整合、扩大、强化文学在当代社会生活中的影响。本来,文学创作可能是个别现象,通过文学研究和文学批评,使个别现象变成了普遍现象,于是文学创作和时代的关系更密切了。

如果一部创作没有人去批评它,可能它就默默无闻地过去了,即使它很优秀也会默默无闻,它对当代生活可能不发生影响。曾有一位朋友对我说过,他发表过几十篇中短篇小说,但社会上没有反响。为什么没反响?他所发表的那些杂志肯定不是没有读者看,只是一般读者看了以后无法表达读后意见。没有反馈就等于没有影响，或者说，可能对个别人来说有影响，可是对于社会来说，作品的影响不大也不广泛，对时代更没有产生重大影响。这种情况下，批评的意义和功能就突显出来了。有些作家很有影响，一般来说，都有很多批评围绕着他们而展开，他每发表一部作品都有人在阐述，有人在批评。这些发出声音的人是读者中的重要分子，有社会影响力；他们说作品好与不好是无所谓的，关键是各种反馈意见使作品与社会的关系越来越密切，影响也越来越大。我听过一个传说，澳大利亚有一位作家与一位批评家都很有名，可是他们之间关系不好，势不两立，作家写一部小说，批评家就写批评，把它说得一无是处。结果不是读者拒绝阅读这位作家的作品，而是这位作家的影响越来越大，后来获得了诺贝尔文学奖。那个作家的名字叫帕特里克·怀特，中国出版过他的小说《风暴眼》，那位批评家的名字我忘了，在澳洲也是很有名的。这就证明了批评能够拢合创作和社会的关系。批评者说好话还是说坏话并不重要，重要的是他说出来了，有声音了；有了声音以后文学与时代的关系就变得愈加密切了。作家也可以从反馈之中知道创作问题在哪里，应该如何改进。

但是这还不是主要的，更主要的是，批评面对的不仅仅是作家，而是他用理论形态描述了当代生活。批评家也是站在生活前沿的，他要关注的首先是社会生活本身，他发表的看法也是对当下社会生活的认知，只不过批评家是通过阐述文学创作来表达他的意见。如果是这样来理解文学评论，那么"过度阐释"也就不成立了。当然，前提是批评家的阐述必须符合逻辑，言之有理。我觉得所谓"过度阐释"有些时候恰恰说明，一个批评家有可能从文学作品中看到一些作家本人没有意识到、没有看到的因素。作家创作是依靠形象思维，他可能并没有清楚地意识到问题的实质是什么，但是他通过艺术形象把一种感觉写了出来（只要是一个尊重现实、尊重心灵感受的优秀作家，他能够把自己尚未明确意识到的问题写出来）；而批评家的责任就是把作家处于朦胧意识下创造的文学元素加以理性阐述，使它产生出更大的社会影响。我在读大学的时候，特别喜欢读俄罗斯革命民主主义批评家，像别林斯基、杜勃罗留波夫的文章。别林斯基阐述果戈理，杜勃罗留波夫阐述屠格涅夫，这些作家都很不认同这些批评的，他们后来走的路和批评家预见的也不一样。可是文学批评是一种具有独立价值的文学形态，批评家通过阐述作家作品，发表了对生活的真知灼见，以及对社会发展的预见。

这个关系你一定要弄清楚，弄清楚以后你再回过来看"学院批评"有什么好处。刚才我说的前提是批评本身的功能，与学院的学科背景没关系，我现在要说"学院批评"。学院批评家在批评的时候，有一个学术背景在后面，比如他是文学史的研究专家，他就会把中外文学史的背景与当下文学批评联系起来，或者他会引进一种外来思想、一种理论、一种视角、一种参照，来阐述文学作品的意义。很多人误解"学院批评"，总觉得"学院批评"有点胡说八道。比如说，有些学者用西方理论解释中国的文学作品，就会引来指责，说你是盲目搬用西方理论术语，对文学作品的阐述不符合"实际"，所以就是"过度阐释"了。这些指责看上去理直气壮，但是在某种意义上反映了人们对批评的误解。学者的西方理论运用得好还是不好，他对西方理论理解得对还是不对，这是可以讨论的，但是要求文学批评"符合"作品的"实际"，那就是说，文学作品存在一个绝对的标准答案，它可以制约批评，考量批评。这是很荒谬的。如果是这样来理解文学批评，那么，批评就成了学生做作业题，看他们能不能写出一个标准答案。这样的话还需要文学批评吗？所以，文学批评不应该在符合不符合作品实际的层面上接受考量，而是应该考量这个理论和阐述本身对中国当下社会生活有没有意义。文学作品是由审美的语言构成的，语言本身具有多义性，审美性更是一种不确定的因素，这种特点决定了文学作品在每个读者的感受世界里引起的审美反应是不一样的，不可能只有唯一的"实际"。这本身就是一个不准确的标准。

不同的学术观点对社会生活有不同的解读方式和解读立场，因而产生了对文学作品的不同理解，这是很正常的。这样引起的争鸣好不好？我觉得是好的。不同理念引起的学术争鸣，比停留在"我喜欢"或"我不喜欢"、"它真实"或"它不真实"等层面上争吵更有意思。正因为我对批评定位在这样一种意义上，所以我不怎么主张文学批评以居高临下的姿态对作品进行指责，或者用"骂"与"捧"来区分批评的意义。有人可能会认为，批评家应该天然比作家要高明一些，应该以批评作家的缺陷和不足为己任（我这里不讨论一些媒体批评以骂人来吸引读者眼球的做法）。我觉得这是过去的"政策批评"遗留下来的心理误区。为什么批评家一定比作家高明呢？如果像过去那样，批评家是文艺政策的制定者或推行者，作家又是必须被改造的"资产阶级知识分子"，那么这种说法是成立的；

而今天的批评家和作家都是站在生活一线来感受生活，理解生活，结论当然有所不同，也有艺术趣味的不同，互相争论是正常的。但争论应该是在艺术内涵的层面上各抒己见，在学术的层面上展开争论，而没有理由居高临下地判决这个作品"好"还是"不好"，"成功"还是"失败"。这种送鲜花抑或扔臭蛋的二元选择，可以在网上使用，但不应该由学院批评来做。至于我个人，我阅读的作品有限，阅读经验也有限，不可能对所有作品都发表评论，也不想对我不喜欢的作品去说三道四。我只是选择我所喜欢的，并且有话可说的作品进行阐释。这个阐释本身就包含了我对历史的反思和对生活的批判，以及我自己在阅读作品中的一点艺术感受和审美心得。我把阐释作品看作是与作家的对话和交流，我愿我的阐释加盟到作家所描绘的艺术世界中，在作品原有的意义之外，再添上我的理解和声音，以求作家与批评家共同来开发、推进当代文学的未来。

梁：我还有一个问题。今天媒体批评的声音几乎覆盖了社会，新媒体又越来越侵入大众阅读领域，纯文学、严肃文学都不可避免地被边缘化。您刚才说，学院批评的主要范围都是在学院里，所以如果不利用媒体来传播的话，它的声音肯定是微弱的，几乎不为社会上的一般人们所知道。那么这是否意味着学院批评也会越来越小众，也将会走向边缘？

陈：我不是这样认为的。首先，我们今天是着重讨论"学院批评"的来龙去脉和当前的意义，但并没有排斥其他批评流派的意思；其次，我也不否定"学院批评"是通过各种媒体来发出自己的声音。我前面说过，"学院批评"也可以在少数严肃媒体的理论版面和相关版面发表自己的看法。"媒体批评"

在今天的批评领域起着重要作用，尤其在对社会流行文化的引导等方面。而且，"学院批评"与"媒体批评"，说到底都是现代知识分子传承人文精神的岗位，只是两者的特点不同，工作方式也不同，但可以做到遥相呼应，互为犄角，共同来支持和繁荣文学创作。

但我更想说的是，"学院批评"的声音是与文学教育联系在一起的，它的声音永远不会被边缘化。学院的讲坛（包括各种各样的教育空间，比如高校的教室、学术会议的会场、社会公益性的讲座等等）本身就是社会的一个重要组成部分，是菁华荟萃之地，精神发展之源；学院本身就是培养学问、讨论思想、培养人格的地方，它培养的精英人才将要被输送到社会最重要、最关键、最显赫的岗位上服务于社会。因此，怎么能说是"边缘化"呢？从历史发展来看，文学的传播历来就是两条途径：一条是教育的途径，一条是市场的途径。在一个短暂的时期里文学的传播是依靠市场运作，但是从长远来说，真正进入文学史、成为经典的文学作品，主要是依靠教育途径，代代教习诵读，传承文学血脉。"学院批评"其实是更加本质地影响了文学的生命，这与大众读物市场不可同日而语。所以，"学院批评"任重道远，不可轻视自己。

初刊 2012 年 11 月 23 日《文艺报》，原题为《学院批评在当下批评领域的意义——文艺理论家陈思和访谈》

评论家不食人间烟火　文坛会干净得多
——答陈仓[①]

一、关于生活、经历与知识分子

陈仓（以下简称仓）：您是广东番禺人，1982年从复旦毕业之后就一直留在复旦，人生轨迹没有走出过校园生活，这对您的精神培养有什么影响？

陈思和（以下简称陈）：我的祖籍是广东番禺，从我父亲一代（可能还更早些，我的祖父一代是海员家庭，已经在上海工作）就生活在上海，我生在上海并在上海成长，基本上没有长时间地离开过上海，出国访学也都是在半年以内。我算个地地道道的上海人。我的生活经历也极其平淡，没有上山下乡插队落户；1977年恢复高考，我考上复旦大学中文系，毕业后就留校任教，一直到现在。可以说，我大半生都是在复旦校园里度过的。

[①] 陈仓，时为《青年报》记者。

精神的培养是一个复杂的现象,很难描述。我自己是很深刻地感受到,如果我没有进复旦大学中文系,没有接受复旦的教育,当然我也会成长起来,但很可能是另外一种人。我今天之人格形成,都是与复旦大学有关的。譬如,复旦大学长期以来形成的尊重教授、尊重学术的校风,复旦大学相对自由、不那么功利的学风,导师们的言传身教,尤其像贾植芳教授、章培恒教授、潘旭澜教授等名师风范和道德学问,以及师生融融之感情,学生青春活泼之精神,都对我的精神培养有深刻影响(复旦校园的环境也是美丽的)。我曾经消极地想,我这一辈子哪怕事业上一事无成,只是安静地生活,讲几十年的课,有学生从课堂里受到一点启发,由此走上一条有意义的人生道路,那么,我的人生也是有价值的。另外,我的专业是研究中国现代文学(这里凝聚着几代中国知识分子精神追求的传统),我的研究同时也是学习、探索、思考现代知识分子的精神如何传承。像鲁迅、胡风、巴金、沈从文等作家在复旦中文系的学术研究中都得到了高度的褒扬。这种学术传统里面也是有精神的传承存在的。把这样一些精神与当代文学结合起来从事批评工作和学术研究,都可以理解为精神传承的继续。这也深刻地影响着我。

仓:我曾经读过您1994年发表的一篇文章《上海人、上海文化和上海的知识分子》,如今二十多年过去了,作为上海知识分子的代表人物之一,结合您个人的体验,您认为"上海人""上海文化"和"上海的知识分子"有什么样的变化?

陈:我觉得,这二十多年来,首先是"上海人"这个概念发生了变化。我在那篇文章里讨论的是传统意义上的"上海人"。经过这许多年的发展变化，上海每年都在不断吸收外来人口，全国各地优秀人才纷纷到上海来发展落户。同时，随着各种新生态的出现，上海的日常生活方式也发生了巨大的变化，出现了许多与市民生活直接相关的新行业，譬如，快递行业越来越替代邮局的功能，网购越来越成为上海"新市民"的购物方式，因为整治交通又出现大量交通协管员，等等。这些工作人员与原来的产业工人大军、服务性行业人员等等，基本上都是由"新上海人"来担任，"新上海人"在上海各行各业发挥了越来越重要的作用。上海的人口流动极为频繁，相应的，其结构也越来越复杂，有点回到1949年以前的上海人口状况，"新上海人"必将给上海经济建设和文化建设带来巨大活力。

说到"上海文化"，我有一种感觉，不知道是否对头。近二十年来上海的经济一直在有序并有效地持续发展，成为全国经济发展的龙头，这大概没有什么问题。但令人感到奇怪的是，上海的文化似乎没有随着越来越多的"新上海人"的出现而形成丰富多元的族群文化（全球化下的文化趋同现象非常严重），这与上海以前的文化多元结构不相符合。过去的所谓"海派文化"，就是指一种能够海纳百川地吞吐、吸收、容纳外来文化的精神。以戏曲文化为例，上海的戏曲舞台上能够容纳多种地方戏曲，形成繁荣的大艺术平台。许多地方戏曲在本地并不繁荣，但到了上海这个码头反而获得了丰富的发展，形成了精致的艺术流派，越剧、沪剧、淮剧都是这样的。上海过去的"大世界游乐场"典型地反映了这种多元并存的海派特点。但是现在这类地方戏非但没有发展，反而显得萎缩，有一种难以维持的境况。饮食文化也是这样。过去在上海餐馆里能够吃到各种菜系的美食，而现在呢，除了白领餐馆以外，其他有地方特色的餐馆，比如豫菜、闽菜、鲁菜、苏锡帮的菜系，等等，都逐个淘汰。难道是河南、福建、苏州、无锡在上海生活的人数少吗？当然不是。但是地方籍族群无法支撑地方文化在上海生根发展。"新上海人"一般不怎么以弘扬地方文化为己任，反而以消除地方文化胎记、融入上海文化为荣。

由于这样一种趋同的文化现象成为主流文化，上海的人口流动与文化变迁形成了一种反比——文化发展的单一性，导致文化创新的不足。当然，从族群多元到文化多元，只是表现在亚文化的层面上，还有更为高层的文化创新，那就需要讨论知识分子的问题了。这个问题比较复杂。

仓：说到"知识分子"，就会想起1990年代的"人文精神大讨论"，那好像是在上海知识界首先发起的。在上世纪八九十年代，知识分子包括作家、学者、艺术家和媒体工作者，经常会共同面对具有时代性的思想文化问题，大家一起探索、思考，互相激烈地去辩论，哪怕因此结下恩怨，但我们的民族和我们的历史，就是在这种思考、探索和争论中走向成熟。然而很可惜的是，这些年来，似乎知识界的这种辩论精神比较少见了。您对此有什么困惑吗？

陈：1990年代知识界发起"人文精神大讨论"，首先是在上海开始的，然后波及全国。这与上海作为市场经济的龙头地位有关。当时全国还实行计划经济，邓小平南巡以后，上海率先开发浦东，招商引资，推动了市场经济的发展。商品、资本，这样一些资本主义元素都进入了中国市场，传统的理念遇到了前所未有的挑战。我们这一代知识分子大多没有经历过市场经济和资本主义的原始积累阶段（社会主义市场经济是一个新事物），完全没有经验可以借鉴，当时有一句话叫"摸着石头过河"，前面水深水浅都搞不清楚，但我们对于资本元素可能产生的负面作用故意淡化了。其实马克思在《资本论》里早就说过，"资本来到世间，从头到脚，每个毛孔都滴着血和肮脏的东西"；他还引用别人的话，强调了"资本"如果"有300%的利润，它就敢犯任何罪行，甚至冒绞首的危险"。这本来是我们耳熟能详的经典语录，可是在中国改革开放初期全面推行市场经济政策时，却把这样一些基本的认识弄模糊、或者遗忘了。"人文精神讨论"是从"人之所以为人"的底线开始的，守住这个底线，就是要人们提早防止"有300%的利润，它就敢犯任何罪行"的本能。可惜这场讨论被一些自以为支持改革的"聪明人"搅浑了。中国在1949年以来就没有与资本、资本主义打交道的经验，对资本与生俱来的巨大腐蚀性缺乏足够的警惕和应对能力，大批在第一线推动市场经济发展的干部都是勇敢的弄潮儿，但是就像赤身裸体的人再勇敢也不可能抵挡子弹一样，人的灵魂在毫无设防的状态下是无法抵挡资本的巨大腐蚀力的。这一教训在今天似乎仍未被重视起来，只是从法制的立场而不是从思想原则上认识这一点，我们所做的仍然是"缘木求鱼"的事情。

接下来我们再来讲知识界的问题。我之所以要从资本的腐蚀性入手来讨论这个问题，就是因为资本无孔不入，当然也一定会侵入知识领域，以资本的原则与规律来掌控知识界的舆论。你提出的问题很敏锐。新世纪以来，为什么知识分子共同面对时代性的思想文化问题时，无法再像以前那样产生激烈争辩？这首先要问：现在有没有值得认真争辩的问题？随着资本的掌控，学术界除了在学院里讨论专业学术问题以外，几乎无法在媒体上认真讨论人文（思想文化）的问题。这里当然有很多很复杂的原因，但是最起码的一点是，如果知识界的争辩不是出于思想原则、审美趣味，而是由于背后有某种资本在操作，那又有什么值得争辩的呢？还有一个问题是，新媒体如何展开理性的讨论？新媒体的声音在现时代产生了巨大的影响，但是这个声音又是非常嘈杂的，缺乏有层次的讨论问题的必要条件，所以，认真的学术讨论，大约只能在学院的讲坛上发生，而不是在公众关注下举行。这也是我所说的"广场型知识分子"向"岗位型知识分子"转型的一个特征。

二、关于教育

仓：我有幸去听过您的文学课，您的教学风格活泼而生动；在您的鼓励下，学生们在课堂上自由地发表他们对某些作品的阅读体会。您是如何看待学生在课堂上发表的与外界的评判不太一致或与主流评判不太一致的观点？

陈：课堂讨论本来就要求学生自由发言，学会表达自己的观点。我在课堂讨论前，经常要求学生事先做好准备，指定参考书籍，有时还在网络课堂上先讨论，再移到课堂上发表。我觉得这是很重要的训练，因为大学生的功课之一就是学习表达，古希腊叫做"雄辩术"。你是一个大学生，一定要学习如何讲话，如何在公众场合下、在短短的几分钟内把自己的观点陈述清楚，用语言的魅力去说服对方。这里不是说要词藻花哨，而是要有逻辑的力量（这是可以训练的）。不管你将来从事什么专业，都应该学会表达自己。现在的学生在中学阶段大都接受应试教育，应试教育需要你有标准答案，而且不能错。这种教育方法可能对考试有些用处，但从长远的人格发展来看，毫无疑义是不对的，不利于学生独立思考，不利于培养学生原创性思维。所以，学生进入了复旦大学以后，我觉得首要的教学任务就是，帮助学生克服并且改变这种背标准答案的学习习惯。一定要让他们学会质疑，学会证伪，学会用良知作为独立判断事物的基础。我的课是复旦大学的通识教育课程，面对的学生来自各个院系不同专业，我觉得他们是否能掌握现代文学知识不重要，他们对文学作品分析得好不好也不重要，重要的是通过我的人文教育课程来达到某种人格的提升，包括独立人格的培养，独立思考的习惯，还包括如何表达自己的能力。

仓：课堂是非常敏感的一个窗口，有风都会从窗口刮出来。现在的年轻人还有纯粹的文学阅读吗？他们是如何看待中国当下的"纯文学"的？他们是否认同我们近几年的主流文学观念？

陈：一代人有一代人的文学，时代大趋同不一定是好事。现在年轻人流行的阅读方式、阅读载体都有所不同，他们形成的审美兴趣也可能会有不同，这个很正常，但是我坚持在大学课堂上一定要讲文学经典（一些流行文学、通俗文学都可以在课后自由阅读）。至于"纯文学"这个概念很复杂；"纯粹阅读"这个概念也很可疑。什么叫"纯粹阅读"？是指不带功利性的阅读，为愉悦的阅读吗？那么我们除了为工作去阅读（读文件），为了某种目的去阅读（如应试教育），为了职业去阅读（像我要写书评）等等以外，基本都算是"纯粹阅读"；不存在为阅读而阅读，只要为趣味、为求知、为娱乐，或者为消遣时间等私人目的而自觉阅读，大约都属于"纯粹阅读"的范畴。我鼓励这类阅读。只读文学，其他都不读，也不是好的阅读习惯，应该提倡博览群书。但是即使是纯粹阅读文学作品，与"纯文学"也没有关系。我们过去提倡的文学创作，主要是指能够体现五四新文学传统，关注现实，尊重人性，强调知识分子的批判精神，但这也不是"纯文学"。

仓：作为优秀的教育工作者，如果让您给校外的年轻人上一堂文学课，您最想给我们上什么课？最想给我们推荐谁的作品？最想对年轻人说点什么？

陈：我可以讲讲文学作品赏析，通过文本细读，解剖一些大家都阅读过的文学名著。我可以从中读出自己的人生体会。对于青年人，我不想讲一些空洞的道理，可以通过一本具体的书，讲出我认为重要的心得体会。要对年轻人说的，就是不要迷信，不要盲从，不要凑热闹，要相信自己的感觉和良知，相信理性的力量。

仓：您培养了一大批文学评论家，为中国文学界输入了大量优秀人才，您是怎么看待自己这方面的贡献的？前几天碰到您的一个学生，他说着一口难懂的地方方言，请问您招收他们最看重的是什么？

陈：我招收研究生是培养文学研究人才，不是招收演员，普通话讲得好不好，不是我的录取标准。不过我培养的一百多名研究生中间，绝大多数都是在教育第一线当教师。当教师大约还是要学好普通话的。但更重要的是培养一种当教师的素质，必须有"十年育树、百年育人"的精神准备，有甘为人梯的人生态度，要懂得爱学生，爱学问，对自己也要有高的标准。这都是最重要的素质。自私的人，猥琐的人，心怀怨恨的人，都是当不好教师的。这是我的首要培养目标。其次才是鼓励学生努力从事专业学习，将来做好文学研究、文学评论等工作。这方面我觉得还是要看缘分，或者说要看天分。不是所有的人都能够成为一个优秀的学者，或者文学评论工作者。我培养学生向来是因材施教，不会拔苗助长的。

三、关于当下的文学批评

仓：您曾给"80后批评家文丛"作序时说，"80后"的批评家大多数来自学院。目前，中国比较优秀的评论家大部分在高校里，这使得学院派一支独大，而高校在一般印象里似乎又是象牙塔。那么评论家离文学现场到底有多远？这种距离对文学评论会不会形成局限？中国有自由的或者说是民间的评论家吗？

陈：目前青年评论家云集高校，构成了学院派批评的新特征。应该说，这是文学批评的好气象。我过去分析过中国现代文学批评史上的三个阶段：第一个阶段是"圈子批评"，那是"五四"一代批评家，批评都是为文学社团、文学派系的小圈子服务的，党同伐异，但有个性；第二代都是"政策批评"，那是1949年以后的批评家，大多是文艺界的领导干部，执行文艺政策，原则性强，体现了权力意志；第三代才是当下的"学院批评"，批评家大多是高校里的教师，他们的岗位在讲台、课堂、会议，对象是学生，方法是研究和评论相结合。学院派的批评，学术研究是其基础，批评只是理念的表现。通常来说，学术研究主要在学院里，文学批评主要在学院的围墙之外，也需要媒体作为载体，但是与一般的"媒体批评"又是不同的。

你不必担忧象牙塔会造成文学评论的局限。在今天的文坛上，社会上的不正之风早就弥漫到文学评论领域。我前面特别要提出资本的介入问题，就是想说，文学评论若被某些资本力量掌控，就失去了讨论（包括争论）的意义，譬如，批评家为了红包出席各种研讨会，甚至包括文学评奖（社会上流行跑奖，这次湖北作协主席方方揭露不正之风的遭遇，就是最骇人听闻的事件），等等。当然这些现象在学院里也不可避免，但是如果真有这么一个象牙塔，有这么一群不食人间烟火的评论家，拒绝社会上的各种不正之风，只凭学院的理念，高举起文学自由的风旗，认真发现、推动、帮助优秀作家的创作事业，那么我们的文坛会干净得多，也正常得多。

"学院批评"当然会与文学现场有距离。如果没有距离，那就是"圈子批评"。文学批评需要站在一种高度来认知当下生活，来理解文学审美的特殊规律，所以有距离不是坏事。至于评论文章写得"隔"还是"贴"，学术化的批评是否太刻板枯燥，那都是评论家个人的写作水平问题。过去在"政策批评"时代，也有评论家的文章全是政治口号，面目狰狞；也有评论家能够娓娓道来，以理服人。任何时代的文学评论总有好的和不好的，但是"学院批评"的背后有学术研究作为支撑，在方法上可能理论性比较强，因此在写作评论时，可以更注意一些通俗性。

仓：在一些专访中，我发现有的作家对评论家表现出不满，主要是评论家有可能误读他们的作品，或者作家看重的、喜欢的作品，往往与评论家的评价不一致。您对这个现象如何理解？

陈：各个阶段的文学批评功能不一样。"圈子批评"本来就是小圈子的批评，党同伐异，为自己的圈子创作叫好。这样的时代已经过去了。"政策批评"是以政治标准来划线，符合政治标准的作品不好也说好，不符合标准的作品就故意排斥。"学院批评"可能更多的是把文学创作放在学理上，或者放到文学性上加以考察。我认为好的评论家与作家应该是站在同一立场上，共同面对生活；作家以自己的观察来描写生活，评论家则是借助作家创作的形象来讨论生活现象。因此，评论家的学术观点是不需要作家来肯定的。至于作家个人喜欢自己的哪部作品，与这些作品在社会上产生的效应不是一回事，就好像父母在没有计划生育的时代可以生养几个孩子，做父母的可能有自己比较喜欢的子女，但父母喜欢的孩子不一定就是最出色的子女。

仓：目前到处充斥着表扬式的评论，很少能够读到尖锐的评论，或者说是多有评"优"，少有评"差"。这是文学评论的建设性常态呢，还是评论的歧途？这与"人文精神"的丧失的大环境有关吗？这种风气属于职业道德范畴吗？

陈：首先不能用"表扬""批评"的二元对立来作为衡量

文学评论质量的标准。许多标榜"酷评"的文学批评，如果说不到点子上，"酷"则"酷"矣，但除了虚张声势以外还是一无所有。我坚持的是理性的、分析的批评，不能感情用事，更不能用"表扬"还是"批评"来要求文学评论家站队。批评也不是简单地"有好说好，有坏说坏"，因为"好"与"坏"在许多情况下都是相对的，只能是具体情况具体分析。为什么会这样？我觉得关键在于评论家对文本的阐释能力。如果一个评论家站得比作家高，他通过对作品的文本阐释来弥补作家的不足，把作家与作品一同升华到应该达到的艺术境界。作家也自然会通过阅读评论来了解自己创作的潜在内涵，即使他没有意识到，也会有所感悟。

仓：另一方面，似乎评论家与读者的阅读感受存在的偏差也非常大，读者叫好的作品不见得是评论家叫好的作品。关于这点，突出体现是评奖，往往获奖的作品并不是读者最认可的作品。这是评论家的误判呢，还是读者的误读？评论家对作品进行评价时，是否要考虑读者立场？

陈：首先读者和评论家都不是群体，只能是个体。这个评论家和那个评论家，个人的审美兴趣不一样，可能对作品有不同的看法；读者也不能用群体的概念，譬如一个作品有一千个读者吐槽，但有十个读者说喜欢，你能说这个作品一定"好"还是"不好"呢？所以，任何人（包括评论家）都只能代表他个人来讨论作品，而不能代表别人，更不能代表群体，因为每个人的感受是不一样的。用评论文学奖做例子。我参加过许多文学评奖，如果是一个认真的奖项，评奖过程中一定会经过激烈争论，你企图说服别人，别人也企图影响你，最后通过投票，产生出某个获奖作品。而读者也一定会依据自己的审美要求，来对这个获奖作品发表看法。所以并不存在评论家与读者的对立的客观性。有时候某个作品被社会舆论批评，那舆论也只是代表一部分读者的意见。如果从评奖的一方来说，他们也一定有很多站得住脚的理由。

对于评奖的公信力问题，首先是看评奖结果与评奖原则有没有冲突。譬如，电影领域有许多奖项，有的是代表政府的奖，似乎突出的是政治性；有的是代表专家的奖，应该突出的是艺术标准；也有的是群众性的评奖，那可以突出娱乐性。现在又讲票房了，也可以设一个票房最高奖，这样大家都是信服的。可是问题在于，有些票房高、质量差的烂片，也要挤到政府奖里去，那人们就要怀疑，是不是政府在导向烂片？如果挤到专家评奖里去，人们就会质疑专家们的标准出了问题。现在很多评奖与读者舆论产生的冲突，主要是读者对于评奖原则和获奖结果不相符合的质疑。

至于评论家与文学奖项的关系也不是绝对的。有许多重要奖项的评委都是作家艺术家，并非都是评论家。诺贝尔文学奖评委里有很多都是作家诗人，像埃斯普马克就是一个小说家，不过他自己的作品是不可以参与评奖的。我参与的香港浸会大学的"红楼梦奖"的评委里，也规定有一个是作家，也是上届的获奖者。

仓：既然说到诺贝尔文学奖，想请教一下，2012年莫言去斯德哥尔摩领诺贝尔文学奖时，您是莫言亲友团之一。您是如何看待诺贝尔文学奖授予中国作家的意义？

陈：这个问题如果让瑞典学院的院士们来回答的话，他们肯定说，诺贝尔文学奖不是颁给某个国家的作家的，而是颁给优秀作家的奖。当然优秀的标准是各种各样的，很难获得一致的看法，但是从诺贝尔奖的颁奖历史来看，瑞典学院在评奖时，一直是把中国的因素考虑进去的。我可以举一个例子，1938年诺贝尔文学奖给了美国作家赛珍珠，当时美国学界并不看好赛珍珠，一直批评瑞典学院把奖给了一个畅销书作家。他们为什么颁给赛珍珠呢？就是因为赛珍珠的长篇小说《大地》是写中国农村题材的，并产生了很大影响。赛珍珠写的好不好可以有不同的评价，但是中国元素肯定是获奖的原因之一。那时瑞典学院不了解中国，但是他们是关心中国的存在的。

"文革"结束后中国重新进入世界秩序，中国作家又获得了瑞典学院的关注。据诺奖评委中负责提名的五人小组前主席埃斯普马克说，1988年沈从文就进入了他们的提名范围，但是不巧的是，沈先生在那个时候去世了。在2000年，诺奖给了剧作家高行健，但高行健已经加入了法国籍，所以中国人不认为是给中国作家的。其实诺奖只强调中文作家，没有强调作家的国籍；2012年给了莫言，这才圆了中国作家获奖的梦。1988年，2000年，2012年都相隔了十二年，所以，埃斯普马克先生说，希望下一个中国作家获奖不要再等待十二年了。这是埃斯普马克先生在复旦大学演讲时公开说的话。从五四新文学一百年的历史来看，尤其是从"文革"结束后四十年的历史来看，每隔十二年关注一下中国作家，不算太遥远。

诺贝尔文学奖具有世界影响，它关注中国的文学，肯定有积极的意义：首先是有利于中国文学在全世界的传播。由于中国汉字的局限，中国文学要向世界各国传播极为困难，它不得不求助于优秀的翻译家。这项工作主要是通过外国的优秀的汉学家来完成。莫言获得诺贝尔奖,对中国当代文学外译是一个极大的推动;其次,对中国当代文学创作也是一个极大的提升,给中国作家带来了自信。中国文学原来一直在封闭形态下自我摸索发展,现在有了一个国际交流的参照系。莫言获奖以后,国内评论界爆发了激烈的争论,这个争论是有意义的,因为它打破了原来封闭状态下国内各种评判标准的局限性,引进了国际大视野,标准更加多元而丰富了。这对于国内作家的创作有很大的推动作用。

访谈时间:2016 年 8 月 28 日

初刊 2016 年 9 月 11 日《青年报》

第四辑

大学教育与当代知识分子的岗位

——答张新颖[①]

张新颖（以下简称张）：1996年您发表了《我往何处去》这篇文章，立意是讲"新文化传统与当代知识分子的文化认同"这样一个涉及到一定范围、也是很多人共同关心的问题，可是这篇文章是从自己讲起，最后也落实到自己的文化选择和承担上去的。尽管这篇文章的思想与您此前的几篇论文是一气贯通的，可是这篇文章的"个人性"和"直接表述"的风格，在您以前的文章中似乎不多见。我的理解是，这和您多次强调"人文精神"主要是指知识分子的自我省思是血肉相连的。我用"血肉"这个词，一方面表示出，至少对于您个人而言，知识分子的自我省思不是一句空话或口号，也不是一个轻松的、一蹴而就的过程，它需要调动起现代知识分子传统中的深刻经验和个人的深刻经验，当然包括痛苦的经验；另一方面，这个词是由我读您这篇文章的感性体验所自然唤起的，其中包含

---

① 张新颖，时为复旦大学中文系博士生，现为复旦大学中文系教授。

着我面对一个当代知识分子真切的个人选择时的一种深刻的感动。所以，这次以大学教育和文学、文化关系为主题的谈话，我想请您从您个人的经历、工作谈起。

陈思和（以下简称陈）：我很喜欢你用"血肉"这个词来形容当代知识分子"人文精神"的实践。我们这一代知识分子，一直处在两种境遇之下：一种是站在"真理者"的立场上，为国家、为民众设计各种前景，但是其"真理"并非来自他的艰苦实践。清代戴震说的"以理为如有物焉，得于天而具于心"大概也是说这么一回事，以为真理得自于"天"，谁如果掌握了就可以去教导、管理甚至粉碎别人，也就是戴震所批评的"以理杀人"。既然自身为"刀俎"，那"鱼肉"自然是他者，而不会将自己也当做了"鱼肉"。只要这种思维方式和理论立场不变，哪怕他使用的是最"现代"的理论，仍然是走在旧辙上。譬如前一阵子很流行的"后现代"的理论模仿者，他先是认定这"后现代"理论代表了当下的"天意"，即大趋势，然后就批评别人若不服从"后现代"，就是堂吉诃德与"风车"宣战，就是"螳臂挡车"云云。且不说这理论本身对与不对尚未被检验过，单说那种自以为掌握了世界进化规律就完成了对真理的探索，就有了包打天下的"话语权"的心态，实在是幼稚得可笑。因为这个"真理"并不是他通过艰苦实践获得的，而是像在武侠小说里遇到高人指点一样，受之于"天"。就因为来得太容易了，也不怎么珍惜，如果发现"天"又在流行别的"真理"时，他也会马上换一种理论，仍然是一副"替天行道"的模样。这是一种境遇。

还有一种是它的反面，就是转化为"刀俎"下的"鱼肉"。

"鱼肉"当然是只有皮肉没有思想的,人可是有思想有感觉的,所以要当好"鱼肉",第一就要先驱除自己的思想感觉,这就是"存天理灭人欲",用"文革"时期林彪的话就是"狠斗私字一闪念"。这些都是从我们的老祖宗那里来的,如今读书界颇为看好的曾国藩就是靠这一套东西起家的,只要看看他的日记就知道了。当然做好"鱼肉"是为了顺利转化为"刀俎",再去斩别的"鱼肉",即"以理杀人"。"理"就是天理,杀的自然是"人欲"。不管是"刀俎"还是"鱼肉",都是以消除了自我意志为前提的,要臣服于"天"的"真理","顺我者昌,逆我者亡"。

这两种境遇,说到底还是专制文化形态的两面。回想我们这一代人的成长道路,从自以为"真理在手"的红卫兵到"接受再教育"的知识青年,在恢复高考制度后又重新成为指点江山的骄子,原也是在"刀俎"向"鱼肉"、"鱼肉"向"刀俎"的机制里转换,但在这样的转换中,毕竟有了一部分逸出"刀俎—鱼肉"转换机制的因素,那就是个人感性的领悟和自觉。就以我从事的文学评论来说,学生时代一进大学中文系,就接受"文学概论"的课程。原先的"文学概论"自然是代表了一种权力的意识形态,掌握了文学理论也就掌握了批评文学作品的话语权力。但问题接踵而来,在当时百废待兴的文学环境里,在课堂里学到的理论,并不能真的说明作品的好处,也无法表达出至少是批评者自身从作品里获得的那种具体的血淋淋的感受。最初的怀疑是从自己身上发生的。我至今还记得在大学时围绕小说《伤痕》发生的理论交锋,让我明白了作品所唤起的鲜活的疼痛感受,不是来自文学理论的指导,而是来自对大量生活经验的记忆。可是文学理论在这时候不能帮助我解释、表述自己的感受，却起着束缚自身感受的消极作用。怀疑是这样开始的，慢慢地我发现，对艺术的感动虽然无法用科学的语言来表述，却至少能够帮助你比较接近艺术的本相。就像是你想进入一座房子去探看里面的东西，就应该用自己的手去轻轻推开那扇门，这靠的是自己的手劲和心力，还有自己的好奇心。而一些所谓的理论体系，虽然一套一套的架势很大，但不贴肉，好像是从地上随随便便拣起一块砖来砸前面的一堵墙。这砖，这墙，都是人家的，与己无关似的。于是我开始有意疏远一些流行的理论体系，不管它属于权力意识形态还是西方的理论思潮，只用自己的心去慢慢地感受各种文学作品和文学现象，总结一些看法。当然有些理论还是有意思的，但只有把它的内涵从彼岸体系中剥离出来，才能对我产生意义。

我自己是从事理论研究工作的，从事文学批评和文学研究不可能离开理论。那种有实在的生活感受作为底子的有血有肉的思想理论，也不能说与那种"自甘为鱼肉"的思想方法完全没有关系，我毕竟是在那种环境里成长起来的，习惯了从自己的困惑出发来思考、推断整体性的问题。这种自我困惑的克服和所引起的自我批评，有时也是很痛苦的。所以我在参与"重写文学史""人文精神寻思"等学术活动时，都是以自我反省为出发点，只是我否定了原先"自甘为鱼肉"的前提，再也不会以消除自我意志为代价去承认"天理"的合法性。我想追求的是用自己的生命汁液去浸润生活实践，使文化成为一种有人格力量承传在内的客体。因为我渐渐地发现，所谓逸出了"刀俎—鱼肉"转换机制的个人感性，虽然它的感受方式及其表达方式千差万别，但在许多范畴方面依然具有群体性质。我说文化是一种有人格力量的客体，也就是说文化并非是纯主观、纯个人性的东西，而是通过知识分子的自觉实践，使之成为一种有别于权力体制所设计的从上而下的文化政策，也有别于民间滋生的本土性的民风民俗的文化力量。这种文化既融会了一个时代的无数独立意志的自觉参与，又具有历史的继承性和延续性。从历史上说，各家学说所代表的独立意志参与越多，声音越杂，这个时代的思想文化也就相应的繁荣。"五四"时代就是一个证明。

在文化发展过程中，有许多历史阶段是相当沉闷的，仅处于新文化的孕育成胎期，需要极有耐心的培养和承传，等待着下一个突变和爆发。我是早就放弃了对下一个文化高潮到来的期望，我们现在所从事的文化事业，是在20世纪以来的文化轨道中慢慢地发展。"五四"是一道序幕，正剧还在一幕一幕地演出，到哪儿才出现新的高潮，谁也无法知道，也无法人为地制造。沉闷时期的文化工作，任重而道远，是靠坚定的意志和学统的梳理来慢慢推进，是在寂寞的文化承传中培育新的人格的种子。在这样的时期，我觉得人文学科的教育尤其重要。人文学科教育是长远的文化事业，至少是一代人、甚至是几代人的薪尽火传，才能慢慢提高一个民族的文化素质，也是为下一个文化高潮的到来提供优秀的人才。

人文教育是现代知识分子的主要工作岗位之一，它直接承接了前面所说的知识分子的自觉实践和创造出有人格力量的文化传统。教育是一个国家民族发展的百年大业、千年大业，它与一个时期的政策宣传完全不能等同起来，而且应该保持一定的距离，使文化知识的传授具有科学性和稳定性。1950年代以来人文学科教育的失败就在于政治上的急功近利和机械狭隘地理解培养"无产阶级接班人"，结果"文革"一发生，造就了千百万唯政策而动的政治白痴。同时，教育也不能完全放任民间自发的职业培训。随着商业经济的发展，为利所趋的职业性学校会越来越多，作为社会性技术培训和教育没有什么不好，但这不属于我们今天所探讨的人文学科的教育事业。

总之，我想说的就是：一、要认清今天的文化发展处于成胎期而不是高潮期，所以教育与培养、积蓄文化人才至关重要。高潮期知识分子著书立说，破旧立新，开创风气，意义重大。胡适在"五四"时期说要"但开风气不为师"，这是文化高潮时期的精神状态。在成胎期，知识分子应该更偏重文化知识的梳理、积累和人文学科专业人才的培养，修正传统，开启来者，自甘寂寞，厚积薄发。在这个过程中，"为师"是最重要的工作岗位；二、教育是一种国家行为，不可能不受制于国家的整体建设规划和意识形态控制，也不可能完全脱离民间自发性的教育补充，但我们这一代教育工作者应该努力摆脱这代人所习惯的"刀俎—鱼肉"转换机制的理论游戏规则，坚持自我的感性立场和独立思考。教育实践其实也是知识分子梳理人文精神传统的自觉实践的一部分。

张：您在《我往何处去》一文中提到了"鲁迅—胡风"的新文化传统，您是不是从具体的个人经历和工作中来理解大学教育和社会文化之间的关系的？

陈：这不能做机械的理解。刚才我说过，文化的真正繁荣有赖于多种自由意志的参与。"五四"作为新文化的符号，容纳了多种学术源流的存在，并且靠了多种途径和方式来实行承传——有些是通过教育的方法得以承传，也有的是通过著书来传播思想和感染人格。而且"五四"于今已有八十年，中途几经波折，几逢险阻，所有的学术流脉都被中断和流散，这也就是今天呼吁"人文精神失落"的缘故之一。

要确定当代知识分子的安身立命之地，就应该从具体的、个人的、专业的立场出发，切切实实梳理清楚"五四"以来的新文化传统。我是研究中国20世纪文学史的，所以我就整合了鲁迅、周作人、巴金、沈从文、胡风等人的文学史传统，从先贤们走过的道路来认识今天知识分子的岗位与使命。这只是从文学史的一端来理解这个传统，并不是从学统或师统的角度来看问题。从大学教育与新文化传统这个角度来看，鲁迅和周作人都不是最佳人选，他们是20世纪以来最优秀的知识分子、思想家和文学家，但他们都不是最优秀的教育家。虽然他们都在大学里（而且是新文化运动中最重要的大学）担任过教职，但我觉得，他们的文化承传主要是通过著述的传播和人格的感染而产生的。鲁迅周围的学生，大多是在文学实践中自觉团结在他周围，这是鲁迅人格力量的感召；周作人虽然长期在大学里讲课，但好像并没有什么魅力，他对废名、俞平伯、沈启无的影响，恐怕主要还是来自文章风格的趣味相同，并非是"授业"的缘故；胡风更是通过评论和出版，来发挥其文学思想和文学理论的影响，并且用编辑的方式将个人的思想转化为群体的、实践的客体。仅仅以文学创作或者文学趣味的影响，当然也有师承关系，但这与大学里通过正式的传授专业知识、建立起专业领域的师承传统，还是有区别的。

当然，学校里所建立起来的专业领域的师承传统，也不是绝对的。这里所指的专业知识也仅是一种依托，人文的传统有时比专业知识的传授更为重要，也更有魅力。这方面胡适是一个例子。胡适自己并不从事自然科学研究，但他在台湾担任"中央研究院"院长时，他无愧地以著名物理学家吴健雄的老师自居，就因为他在1930年代的中国公学当校长时，吴是那里的学生。胡适临死前在"中央研究院"第五届院士会议的酒会上发言（也是他一生中的最后一次发言）非常感人，他说："我常向人说，我是一个对物理学一窍不通的人，但我却有两个学生是物理学家：一个是北京大学物理系主任饶毓泰，一个是曾与李政道、杨振宁合作证验'对等律之不可靠性'的吴健雄女士。而吴大猷却是饶毓泰的学生，杨振宁、李政道又是吴大猷的学生。排行起来，饶毓泰、吴健雄是第二代，吴大猷是第三代，杨振宁、李政道是第四代了……这一件事，我认为平生最得意，也是最值得自豪的。"胡适虽然不通物理学，但他仍有资格在这些世界级的自然科学家面前祭起人文的师道大旗。同样郭沫若也做过中国科学院院长，他在文学、考古、历史学等方面的贡献也是众所周知的，但郭沫若就不会有胡适在教育承传上所拥有的幸福感和成就感。这个对比也许可以说明教育领域的师承传统与文学实践领域的师承传统之间的区别。

但是现在情况有些变化了，原先新文学所实践的传统，尤其是"鲁迅—胡风"的充满现实战斗精神的新文学传统，不仅在当下知识分子处理与现实的关系中仍然存在着巨大的影响，而且它正在逐渐转变成为一门专业知识——眼下各综合性大学和有文科的高等院校里都设有中国现代文学史专业，并且国家就这个专业设有博士点和硕士点。在近二十年的当代中国学术发展中，这门学科从专业知识到人文精神，都影响了一批青年学者。这既是人文的社会的实践，又是专业的知识的传授，两者渐渐地合为一体。这是很特殊的一种情况，目前也处在实验性的阶段。这种结合将来会达到哪一种程度还得看发展，但它在现代人文教育方面会越来越发生影响，大约是可以估计的。

张：您的这种理解，是否能够从中国自从建立起现代大学教育以来的传统中获得精神资源和支持？您是不是可以对这个传统做一个简单的梳理，谈一点自己的意见？

陈：这个问题太大，要涉及中国现代教育从古代教育制度中脱胎出来的特点，不是三言两语能够说清楚的。

我研究20世纪中国知识分子的道路，是把思想学术、文学的发生和创作（著述）、专业知识与现代社会的传播关系（出版）、现代学术的承传方式（教育），视作三位一体的文化载体。要通透地了解和把握现代文化载体，才可以进入现代知识分子研究这个领域。我不太了解西方现代教育体制与知识分子人文传统方面的关系，不过就中国的现代教育制度而言，不能只关注教育制度的现代性特点，更应该考虑到，中国现代教育制度在实行过程中，不可能一下子全部消除传统教育制度的痕迹。

在中国传统文化观念中，"师道"有特殊的地位。有时"政统""血统""学统"处于同等的地位上，"政统"靠英明君主，"血统"靠高贵门第，"学统"靠名师传授。在古代君主专制的政治生活中，"血统"与"学统"都是对专制制度的某种制约和平衡，所以残暴的君主发起怒来，要"灭人九族"，这是对"血统"的挑战；还要株连师生，那就是对"学统"的挑战。进入现代社会以后，教育体制逐渐社会化，分流为普及社会文化程度的普通学校、为各种行业人员接受专门知识和专门技术培训的职业学校，以及承传人类、民族文化传统的学术机关。普通教育、职业教育、人文教育是现代教育的三大种类，形成了互为关联又性质不同、体制不同的三种成分。这三种成分不是绝对分割开来的，尤其是人文教育。理想的人文教育不仅是专业学术机构的灵魂，还应该渗透到其他两种教育体制中，成为民族教育事业中不可或缺的灵魂。

可是在现代教育体制的改革和发展趋势中，亚洲许多国家都有相反的情况，那就是片面地以西方发达国家的教育制度的外在形式为摹仿样板，不但不加强人文教育的成分，反而使人文教育日益技术化和定量化，说得不好听些，是阉割了人文学科最重要的、有血有肉的本质。许多第三世界发展中国家的统治者们，骨子里依然种植着古代专制君主的阴魂，他们不过是用现代的方法来抵制传统"学统"可能为现代知识分子带来的民主精神；同时，在摹仿西方发达国家教育制度的外在形式的喧嚣中，也极有可能阉割其真正值得学习的民主性精华（对后一说我没有把握，只是猜测而已）。比如像新加坡，一向是被认为比较重视传统教育的，其实新加坡连华文教育都被连根拔掉，汉语学校一度被关闭，英语成为唯一的国语，汉语同马来语、泰米尔语一样，仅仅作为民族母语课程设立。现在三十岁以下的新加坡华人不懂汉语是常事，英语儒教或美式儒教"新"则新矣，但对于中国民族文化传统的承传到底有多大的实际意义，我是很怀疑的。

我早说过，所谓的现代化教育，培养一些技术型的社会可用人才是不难的，做到不要随便吐痰也是不难的，但一个民族源远流长的人文精神的培养，真正的精神文化的辉煌和活跃，大思想家、大文学家、大艺术家等有用人才的产生，却是很不容易的。所以，我觉得中国比亚洲其他国家和地区（包括日本这样的发达国家和殖民时代的香港地区）优越的地方，就是它具有一个比较强大的知识分子传统。在中国的现代教育体制内，我们不但具有悠久的文化的承传学统，还有"五四"以来知识分子的战斗的精神传统。尽管中国知识分子的传统在20世纪以来发生了巨大的变化，并且在无数次近于宿命的天灾人祸中受尽摧残，但人文传统的血脉始终在现实社会的发展中被保存下来，一次次死而复生，显示了强大的生命力。我在《我往何处去》里讲的也是这样一个"死而复生"的过程。我以为，在这样一个传统中做一个教育工作者是值得自豪的。有许多国家和地区的大学教师待遇都要比我们高得多，也没有那些对知识分子的怀疑和猜忌，但少了这种传统的背景，许多工作的意义也就不同。

昨天报载余秋雨教授关于香港文化的随笔，谈到香港学者饶宗颐对他说的一句话，很感动，饶说："我很寂寞，即便是我指导的研究生，得了博士学位就走向了商界，几年后见面虽然客气，但实际上已形同路人。"按理说，在香港做一个大学教授，经济收入是全世界最高的；按理说，像饶先生那样的学界泰斗，桃李芬芳，自然不会少了"谈笑"之"鸿儒"，怎么他的"寂寞"之感也会如此强烈？余秋雨教授感叹：香港社会缺少一个整体的文化定位，对饶先生那样的学者还缺乏认知。

我的看法不是这样,我想香港社会不会缺少对饶先生这样的大学者的尊重。饶先生的岗位自在民间的教育领域,他也不可能超出自己的岗位去追求社会的名声。如果饶先生也在传媒中频频亮相,大谈广东企业集团和上海企业集团的差别,恐怕也就不成其为饶先生了。饶先生的"寂寞",是痛感到香港建立不起一个源远流长的知识分子的人文传统的背景,他的学术思想,他的学术成就,在行业里得不到继往开来的发展。这也就是饶先生所说的他的博士生一个个走向商界的现实。本来优秀的青年人走向商界也不是不好,但十年寒窗攻读学术专业,本来先生或怀有学统承传大业的期望,如今却背离师门,成为名利场中的骄子,师生之间也弄得无话可说。这才是寂寞和悲哀。饶先生希望看到的当然是桃李自结硕果,"桃之夭夭",才不枉"园丁"的辛勤劳动,但结出来的不是"桃李"而是"蜗牛"。虽然"蜗牛"也能造福于人类,可以送到法国餐馆去煮了卖钱,但对"种桃人"来说总不是个滋味。这种寂寞感不是有谁请他到餐馆去热热闹闹地涮一顿奶油蜗牛就能消除的。当然,这是题外的话了。

张: 教师这个角色天然地具有文化承传的含义;而文化承传,显然也不仅仅是专业知识的传授,还隐含着文化价值的引导和确立。也就是说,教育这个职业和教师这个角色本身就是不可以封闭起来的孤立职业和孤立角色。当这个职业和角色与过去、现在和未来,与文化传统、社会现实、被教育对象发生关系的时候,常常不能不取一种"启蒙"的立场。但是,在一种世界范围内的后现代文化环境中,"启蒙"越来越处于尴尬的境地。那么,教育的含义和教师角色的内涵是否会发生一些变化，是否需要做某些调整？

陈：我不知道世界上哪个国家的现代化已经"后"到不要教育和不要教师了？只有在"文革"当中，才有什么"工农兵上、管、改制度"——学生在课堂里带着警惕性听课，时刻准备批判教师的资产阶级"回潮"；教师也在课堂上谦虚有加，一边上课一边接受"改造"。我想你指的一定不是那个时代，但对教师的神圣意义发生怀疑本身就是荒谬的。当然，对教师是否天然拥有"真理"的假设是可以怀疑的，而且对课堂教学所设置的内容是否具有真理性也是可以怀疑的。我在一开始所说的知识分子与思想理论的传统关系是一种"刀俎与鱼肉"的关系，这种关系在人文学科的教育现实中还占着主流的位置，许多教师在课堂上一边讲授有关知识，一边在心里暗暗地骂自己无聊。连自己也不信的东西，却要装出虔诚模样来教学生。这样的教学内容和教学实践都是大可怀疑的。我过去读列宁的书，记得列宁批评资产阶级教育内容是"九分无用一分歪曲的知识"。我没有上过沙皇时代的大学，无法验证列宁说的话对与不对，不过我自己后来在实践中检验许多人文学科教学内容的时候，真正痛感到是"九分无用一分歪曲"。学生若是真的信了这些东西，不要说深造，就是连基本常识也很可能是错的。

再说对教师的"启蒙"角色的理解。教师这个职业可以分摊成许多角色，我在前面说过现代教育的三种成分，前两种即普通教育和职业教育，第三种是人文教育。教师是任何情况下都需要承担起"启蒙"任务的，但是"启蒙"在中国或欧洲文化发展史上都是有具体含义的。如从这个含义上说，"启蒙"

就与第三种（即人文教育）直接有关。人文传统的承传本身是通过教育的方式来完成的，这是广义的教育，比如"禅"也是一种"传"，但它不是用教学或讲课的方式使你获得对某种事物的认识。一般通过师承关系来传授知识，是人文教育比较可靠的方法。作为一名人文学科的教育者，对弟子的教育也包括了两个层面：一是传统的所谓"传道授业解惑"，这些还是在知识层面上的传授；二是人文学科的教育性质决定了它不只是在知识层面发生意义，人文学科从文、史、哲、经到法政、传媒等学科，无不与现实社会的人文精神承传相关，与人对自身和现实之关系的思考有关。这种逸出知识本身的、与现实有关的部分，我们姑且称作人文层面的教育。这是人文教育的精髓所在。这一层面的教育不仅仅通过"授业""传道"来实现，更重要是通过教育者自身人格的修炼来产生影响，并发扬光大。这也是"启蒙"的途径，就如"禅"的当头棒喝一样。

由此我还想到一个问题。你过去曾经对我说过，像我这样一个20世纪中国文学的研究者，一个大学里的20世纪中国文学的讲授者，这样的专业领域和工作岗位，正好成为知识者参与当代文化建设的基础和途径，甚至是精神依托。你又问：除了我所研究的20世纪中国文学这门专业以外，其他专业——譬如古代文学、语言学等——是否也具有同样的人文精神的承传性质？我想，人文学科严格地说并没有太细的专业界线，20世纪中国文学与古代中国文学本来就是一个完整的文学史学科，历史学、哲学等更是直接与人文精神的承传有关。只要你意识到这个使命，就自然会在人文层面上发生影响。问题是自清以来的封建专制体制和文字狱，以及后来的政治迫害，迫使知识分子用自我阉割的手段来换取知识承传的可能。龚自珍说的"避席畏闻文字狱，著书都为稻粱谋"，即是指当时知识分子的精神状态——学者们故意将知识层面与人文层面分离开来。这种自欺欺人的做法，不但使人文学科的学者变得畏畏缩缩，就连知识承传本身也变得了无生气。

因此我想，在人文学科的教育中，教师的"启蒙"职能是无法回避的。即使在"后现代"状态下，一元的"启蒙"立场也许会被质疑，但相对的、局部的、知识领域的"启蒙"则是需要的。也就是说，教育工作者充当某种绝对观念或者"真理"的"刀俎"，并以教育对象为"鱼肉"的时代，大概会一去不复返。理想的人文教育应该由大一统的真理讲坛转变为多元的学术流派的争鸣场所，教育者与被教育者也应该在一种实践的关系中充满互动，被教育者也可以不师从一门学派而博取众师之长，以变出新的学术承传。这样，即使社会经济上还没有"后现代"，我们人文教育也可以先"后"起来。

什么才是理想的人文教育，这是一篇大文章，还需要我们在实践中慢慢地摸索和探讨，才能逐渐清楚起来。

初刊《南方文坛》1997年第5期，原题为《当代知识分子的岗位——答〈南方文坛〉特约记者》

教育的历史与现状
——答李辉[1]

一、心绪万端说高考

李辉(以下简称李)：高考刚过，对于全国成千上万的家长和学生来说，每年都要经历这一次"黑色的七月"。我还记得，两个月前我们在一起聊天时，你曾这样说：早知道大学考试制度今天搞得那么可怕，还是不要恢复高考制度的好。你这话给我留下很深的印象。当然我感觉这也许是一种激愤的表述。不过，在我们准备进行的一系列回顾20世纪的对话中，谈教育应该是必不可少的。因为无论在中国还是在世界其他地方，教育总是有许多困惑，甚至存在误区，在中国，这方面的问题可能更严重一些。

这一两年来，陆续有一些谈教育的文章，但我感到并不充分，而且没有涉及到我所认为重要的一些问题。你的专业虽然

---

[1] 李辉，《人民日报》资深记者、著名作家。

是文学批评，但涉及面超越了文学领域，这几年侧重于文化理论和社会理论的思考；另外，从你这些年的经历看，自1978年进大学起，你就没有离开过大学，可以说接触了大量的教育方面的现实情况，肯定会有许多感触。因此，我很想请你谈谈对20世纪教育的一些想法，包括它存在的问题，知识分子与教育的关系，还有，你认为在中国现有条件下，教育应当怎样发展，等等。首先我想知道的是，你为什么对高考制度有这么严厉的批评？

陈思和（以下简称陈）：我们这些人其实都是恢复高考制度的受惠者，没有高考我们都进不了大学。但我觉得近年来的考试制度——包括高考、中考在内的各种考试，越来越成为一种人性异化和知识异化的现象，妨碍了青少年人性自由发展和知识的全面培养。从理论上讲，考试是一种社会规范，代表着社会需要和社会利益。这就要求每个应试者服从社会规范，比方说，入学有入学考试，升级有升级考试，不管哪种考试，都是社会意志的体现。考试是要别人出题的，这种出题本身并不考虑应试者的特点，它只是要求应试者服从某种社会共同需要。我们的学问知识是相对独立的东西，可是在现实当中，这些知识又是被调动起来为社会服务的。推而论之，人的生命应该是自由的，每个人都有发展自己的权利，但是人的发展过程需要服从社会规范，按社会公众理想塑造成社会认可的形象。在这个过程中，个体生命与社会意志之间要通过许多考试来磨合——个人牺牲自己的自由，换来社会的承认，同时也换来自己的进一步发展。人的发展是以社会标准来衡量的。在学校里，在单位里，可能考试的方式不一样，但总的说来，都是为了不断获得社会的承认，获得更高的自由，为此不得不付出代价。这个代价就是牺牲自由。这是一个悖论。

李：实际情况是这样的。20世纪初废除科举制后转向西方式教育，再后来现代教育发展得越来越规范化，到现在考试制度更为严格。从发挥个人自由的角度看，这个代价是否太沉重了？另外，你是否在说，考试并不是要鼓励应试者把自己的最好水平体现出来、发挥出来？

陈：没有一种考试是这样的，恰恰反过来，比如学校里的政治考试，从中学就考，一直考到大学里还要考。但它的目的并不是要培养学生的政治头脑和政治能力，学生也不能自由讨论政治问题，所有的话都是按现成的答案背出来，换来的只是一个及格分数。

李：我觉得政治考试出的题目从中学到大学都差不多，而且对青少年的知识形成也起不了太多作用。比如，据我所知，有的地方初中升高中的考试题目，一个是邓小平理论是什么，另一个是东南亚金融危机给经济带来什么影响。这些题目都应该是专家讨论的问题，中学生怎么讲得清楚。好像中学生们都精通政治经济学和哲学似的，实际上学生只能靠背教科书上的答案，然后再把答案交给老师。中学学过的一些知识，上大学后又重新学，完全是原地踏步走，对扩展人的思维空间，形成思维方式，并没有特别的帮助。

陈：这只是一个小问题。既然考试反映了一种社会需要，那么就应该从社会的角度来追究考试的根本意义。如果一个社会健康向上，真正重视人才，需要通过造就和培养人才来推动社会改革和社会进步，那考试制度就应该反映出这种精神要求，譬如1970年代末恢复高考制度就是有积极意义的。

在那个时代，个人没有选择自己出路的可能性，你就是一颗螺丝钉，社会机器像一只巨大的手，个人的一切都被它控制。那时要改变命运，只有通过高考，才可以改变生存环境。对此我是有很深体会的。"文革"时，我在社会上混，后来把编制挂在一个街道图书馆，它是属于集体所有制。但实际上我一直在卢湾区图书馆参与书评工作，它属于全民所有制单位。我在那儿工作多年，区图书馆也希望我调过去，做了很多努力，但我就是调不过去，因为所有制不同——这些僵死的、非人的因素就可以置人于死地。那时个人想改变所有制，连参军都不行。从农村入伍的，复员后还得回农村，唯有高考可以改变这一切，尽管高考也是让你服从社会意志，但毕竟给了你改变命运的可能性。

李：像我们这些幸运地在恢复高考后第一批进入大学的人，命运的确是有了根本性的转变。否则，我们就不会认识，也不会像今天这样坐在这里谈这些问题。

陈：那时还有家庭成分、户口等限制，都把你规定在一个狭隘的范围内动弹不得。恢复高考，是打破这种束缚的唯一希望，为发扬人的主观因素、改变命运提供了条件。从这一点来说，我们都得感谢高考。

然而，在目前开放的社会形态下，高考对个人改变命运的积极意义减弱了。当然，农村青年读大学也可以留在城市里工作，但总的来说付出的代价太多。通过其他方式，比如通过做生意、打工，也可以达到在城市工作的目的，户口现在已经不成为太大的问题，甚至出钱就能买到城市户口。

二、教育到底为什么

李：你上面所说的，主要是从社会意义上来看高考制度的意义，但高考与教育的关系是不是更重要？学生通过高考改变命运是很重要，但他们参加高考的更大目的，可能是为了追求现代知识。从这个角度来看，高考的意义如何体现？我记得恢复高考时，社会处在新旧交替时代，虽然各方面不成熟，不过倒是有很多的个人自由空间，像我们的考试题目和大学里设置的课程，都不像现在那么严密规范。这是不是说，教育越严密越规范，它的束缚性就越大？这是不是一个必然？

陈：教育目的与社会需要是有关系的，高考的意义在这些问题上集中表现了出来。在发展变革、生机勃勃的社会里，教育往往是以有利于推动社会改革、打破旧的社会机制、向社会输送新的血液为目的的。这种情况下，教育代表了原有社会所不能容忍的新生力量，是社会进步运动的推动机构。但在比较成熟、发达的社会里，不需要大幅度体制改革，教育就成为巩固社会秩序的润滑剂，它不是通过持续输送人才去打破旧体制，而是培养服务性人才，使社会更稳固。社会性质的不同导致了培养目的的不同。许地山先生在香港大学时把教育目标分成三种：一种是培养"有用人才"，即通过精英教育，培养有思想有才华、能推动社会进步的人才；第二种是培养"可用人才"，以维护一个社会为前提，培养被社会录用的实用性人才，按今天的说法，就是大量的"技术性人员"；还有一种是"享用人才"，它帮助社会消费，比如穿名牌、做广告等。在发展中国家里，社会不富裕，不需要大量"享用人才"，需要有目的地培养"有用人才"和"可用人才"，而"有用人才"是主要培养对象。当社会发达，社会很稳固时，教育性质改变了，这种改变有意无意地削弱了对"有用人才"的培养，而着重培养"可用人才"和"享用人才"。

李：根据你个人的经历，这种改变的过程是什么样的？又带来什么问题呢？

陈：1980年代的中国教育是以培养"有用人才"为主要目标。整个1980年代的中国高等教育是生机勃勃的，知识分子在思想解放的背景下，冲破各种框框，在大学教育里贯穿并培养了独立的精神、自由的思想。可以说，我们这一代恢复高考后崛起的知识分子，是整个社会机制培养出来的。但是，这种有生命力的教育精神到1990年代就仿佛消失了，社会朝着官僚化、技术化、世俗化的方向发展。这样，高考的指导思想与具体要求都变了。现在的教育目标，显然不是培养"有用人才"的独立精神和自由思想，与此同时，另外两种强调技术性、生活享受性的学生就应运而生了。大学生中流传两句话：好学生拼命考托福想出国，不好的学生打麻将谈恋爱。考托福出国是个象征，折射出社会在有意无意地引导、培养"可用人才"。社会不断通过社会成功人士、富人形象来刺激学生、引导学生，让他们投入所谓创造社会财富的潮流中去。还有一种，表面上不鼓励，实际是纵容的，让学生放纵自己的个性。放纵个性就是享受各种消费，成为所谓的"新人类"。这样的人，为社会付出越来越少，消费越来越大。现在我们很少教育学生要艰苦朴素，要在孤独清贫的环境中从事思想和学术研究。反过来，现在的学校特别是高中，有许多所谓的"贵族学校"，有人也在鼓励"贵族教育"，它强调的不是教育质量，而是保证拿到毕业证，保证享受，比如宣传"三个人一间房"啊，"网球场"啊，等等，用这些东西刺激学生。说到底，就是培养"享用人才"。

李：这种"贵族学校"跟英国贵族学校还不一样，英国的所谓"贵族教育"，是建立在贵族传统之上的。他们接受的教育是规范的，甚至也是死板的。我译过的福斯特的散文中，有一篇论述英国人性格的长文，他讲到，典型的英国公学教育便是至今仍存在的一种贵族训练。在这样的学校学习很规范，从文化课程设置到体育项目等都相当烦琐，譬如要学习拉丁文、希腊文等等，采取绝对传统的贵族式教学。这种公学一直受到批评，并不认为是理想的现代教育模式。但是，它毕竟还是一种建立于自己的文化之上的教育。

陈：我们国家的"贵族"是要打引号的，所谓办"贵族学校"的人，大部分并不具备教育工作者的素养，都是些手里提着大哥大的生意人，你真以为他们懂得什么是"贵族"，什么是教育？我们社会本来就没有贵族，也不需要贵族，有的只是刺激学生的腐烂生活欲望而已。处在这种教育体制下，学生的目标是出国、到大公司做秘书、做花瓶、做政府官员，所有急功近利的目标都成为学生追求的生活目标。表面上看这样的学校满足了社会从业的教育需要，解决了学生升学困难的问题，但为此付出的代价也是惨重的。从长远利益看，一个民族慢慢就失去活力，失去了人文精神的根底，培养出来的学生，一出学校就是为了进入社会而存在，而不是改变社会，推动社会进步。这样一年两年可能是有利于社会繁荣，慢慢地，就成为社会进步的阻力，对社会的根本发展是有害的。

李：表现出来的问题就是现实中对学生的就业压力越来越大，这就如你所说，这样的目标结果限制了学生的思想和知识的自由发挥和选择。你是否认为这样的教育目标在高考制度上反映出来？

陈：对！只要看看现在高考制度越来越死板，逼得高中教学全部围绕了高考的指挥棒转就不难想象了。同样，初中教学又是不得不围绕了中考的指挥棒转。教育出版社大多与地方教育局结合在一起，以编印辅导教材为名来大发学生财和考试财。现在的中学生除了整天被那些教材题海所折磨以外，根本没有时间可以随心所欲地阅读有益的课外读物，也没有空间来寄放他们自由的心灵世界。现在的中学教育的异化已经成为一种摧残青少年的公害了，我可以举出无数的例子来证明这一点。这些问题，并不是中学里的有识之士看不到，私下里中学校长和教师都可以表示忧虑，但问题是失去生命力的高考制度本身扼杀了中学教育改革的可能性。只要摆脱高考的指挥棒，教育改革马上会出现生机勃勃的景象，但是谁能鼓励学生不以高考为人生价值和知识价值的标准？"五四"时期，许多有理想的教育家可以通过自由办学，培养有德有才的有用人才，那时没有高考的指挥棒。现在这种高考制度正是用计划经济观念来管理教育的畸形样板。

我对理科不了解，不想多说。但对人文学科是有很深体会的。这样一种违反人性和知识本质的考试制度，最终是在中学生的心理埋下仇恨的种子。首先是对知识的仇恨，其次是对禁欲的仇恨。许多学生一旦考上大学不是把大学看作新的求知起点，而是觉得终于松了一口气，可以自我放纵一下，结果一二年级往往是混过去的。还有就是自卑的种子。现在的高中教育在人文知识方面可以说没有什么基础，一进大学文科就会碰到知识极度贫乏的困惑，学生面对茫茫书库无所适从，这时候才知道中学里学的人文知识实在是九分无用的东西，甚至产生出自暴自弃的心理。为什么高考的幸运儿会不适应大学的人文教育呢？问题就在高考制度束缚人的自由心灵，把人读死读傻。所以我说，早知道高考制度会有这么大的消极面，还不如不要恢复。

李： 不过全世界的教育似乎都在为考试制度而苦恼。那你觉得理想的高考制度应该怎样？还是干脆重新废除高考制度？

陈： 我刚才说过，考试反映了社会对人才的需要标准。目前的高考制度所反映出来的僵化、教条、没有任何创造性等问题，反映了社会趋向官僚化、技术化、世俗化的特征，这三个特征都是不需要独立精神、自由思想和社会活力的。这种社会趋向不彻底改变，怎么可能指望教育领域能"不拘一格降人才"呢？而且这样一种社会趋向，说到底既不符合市场经济的活跃繁荣和自由竞争，也不符合21世纪信息时代的人才素质的培养。作为教育改革的第一步，我觉得应该打破全国统一高考的形式。

李： 最近看报道，好像从现在开始将陆续在一部分大学实施自行出题和举行考试，这可以看作是一种新的尝试。但要想从根本上解决问题，恐怕还是如你所说的使教育的多层次化与考试制度的多元化相配套。

陈：尤其是重点大学，应该授权让他们根据各个学校的教育特点自行出题和举行考试，每个学校有自己的教育目标和入学要求，形成正常的竞争机制。同时也应该尽量限制那些利用学生求学心理来骗钱的所谓"贵族"学校，多鼓励多吸引真正有教育理想和教育经验的知识分子来实践中等教育和民间大学的工作，使教育的多层次化与考试制度的多元化相配套。这些问题一具体就会有许多话可说，我们以后再慢慢谈。

三、北大与现代教育的国家精神

李：我们确实越谈越具体了，还是跳出来谈谈 20 世纪中国教育的传统吧。20 世纪来中国教育方面比较重要的是废除封建的科举制，进入现代教育时代。整个中国的现代教育事业在战争和内乱的动荡中举步维艰，一直处在不稳定状态，究竟什么样的教育形式才是理想的教育，很难有一个明确的看法。但从现代教育发展看，教育的方式其实是多样的，学校的种类和形式也是多样的。譬如有官办的，有民办的，还有大量的教会学校等，所奉行的教育思想也各不相同。现在社会上一般比较认同的是蔡元培的教育思想，前不久北大百年大庆，关于北大传统的讨论很多，各种看法也不一致，不知你是怎样理解北大精神，它与 20 世纪中国教育之间存在什么样的关系？

陈：我对北大毫无研究，说不出什么独特的见解。其实说爱国也好民主也好，都可以包容在"北大精神"这样一种总的传统里。北大是清政府企图实行政治上维新变法的产物，它的前身京师大学堂。无论它的成立还是正式招生，都与国家所采取的政治改革措施有关；不管它体现了多少新思想，实质都是为国家体制培养人才的，是体现了国家意志的学术机构。为什么陈独秀在上海办《新青年》不能推动全国性的思潮，一到北大就成功了？就是因为北大是代表国家意志的，在这里提倡新文化，提倡白话文，就会对全国教育界产生影响。

李：北大的成立所具备的身份就决定了它的特殊的历史地位，它在历史中的影响也就注定要超过其他学校。五四运动由它而起也就具有必然性了。

陈：五四运动在某种意义上仍然是传统士大夫"公车上书"的变相体现。过去余英时讲过这个问题，说是"依靠了士大夫的余荫，才让军人武夫张皇失措"。不仅是教授，学生也是这样的。当时北大的学生相当于传统意义上的"太学生"，是未来政府的官员，他们自然以领导全国精神界为追求目标。五四运动在北大一爆发，全国响应。如果是爆发在广西、福建、上海，恐怕很难产生全国影响。后来的学生运动没有这种好福气，就是因为这种传统余威没有了，等待他们的只能是枪弹和牢狱。

李：那么你是如何看待"北大传统"，以及这种传统的变化呢？

陈：讲"北大传统"是自由主义也好，爱国主义也好，有一点是不容否认的，在北大的传统中始终有着京师大学堂的影子，是有这个背景在后面的。北大的精神传统体现了国家的意志。爱国主义精神和自由民主精神正是国家意志的两端。20世纪中国经历了推翻千年帝制和走向现代民主的大趋势，但在帝制推翻后，专制的政治形态与民主的政治形态一直交替着制约国家形象。每一轮新的革命都以"民主"为旗,每一个新的政权都以"专制"为实,然而北大相交替着这两种精神传统,正反映了现代国家意志的两种价值取向。

蔡元培虽然是中国第一代从士大夫阶级中分化出来的现代知识分子,但他一生的价值取向仍在"庙堂"。他在北大实行"兼容并包"的方针,在学习西方的背景下形成民主氛围,但这仍然体现了国家政治的一种态度。不论是辜鸿铭那样的保皇派,还是陈独秀那样的革命派,还有胡适那样的自由派,"兼容并包"主要还是体现在政治上的民主性和开放性;同时他废除了用英语举行校务委员会的规定,恢复用中文讨论校务问题,又体现了非西方化的爱国主义政治态度。我们今天推崇"北大传统"代表了知识分子的民主精神,或者说是自由主义的传统,但别忘了它仍然是一种国家意志,是专制国家向民主转型过程中的标志,是转型过程中的国家意志。不过国家的民主转型没么容易和彻底,而知识分子却超前表达出来了。所以说,北大的两种精神传统都是近代中国国家意志在学术上的投影。至于今天在宣传上的各取所需,那是另一回事。

李:纪念北大百年,发表的文章不少,但好像还没有人从你这样的角度谈"北大传统"。

陈:我认为现代知识分子独立品格和价值取向应该是多元的,"北大精神"只是其中一个比较有代表性的特征。北大是一个引子,因为国家意志中已经出现了民主化的倾向,而这种倾向又以比较民主的方式表现出来。北大的学生可以不去做高官,不"学而优则仕",但他们的价值取向是"天下兴亡"。我把这种精神看作是"五四"精神的一翼,也就是我说的"广场意识"。"广场知识分子"着眼点仍是"庙堂",仍是以"庙堂"为归宿的。他们通过"广场"这一特殊的议政方式,把政治主张向民众呼吁进而唤起民众,让民众拥护他们的主张,以多数的形象来影响"庙堂"。五四运动就是这样。像《巴黎和约》不合知识分子的意,但他们不是通过国会提案,而是通过学生运动——学生在"庙堂"外的广场上游行抗议——扩大社会影响,影响"庙堂",使国家改变了决定。

前面所讲的是中国现代教育的第一类特征,它整体上体现了国家精神,由于是处在专制体制崩溃并由此向民主化转变的进程中,所以,教育精神是分裂的,它一方面培养为现实政治服务的人才,就是所谓的爱国主义教育;另一方面它又是超前的,它为未来的国家民主化发展培养了人才,这也就是我们所说的自由主义精神或者民主精神。

四、教会学校、民办学校及其他

李：在我的印象中,你概括的这种自由主义精神或者民主精神,是不是可以说是现代教育特别是大学的主潮。就是像燕京大学这样的教会学校,还有清华大学,这样的大学似乎也多少贯穿着同样的精神。由此我想到,现代教育中民间办学是个非常突出的特征,而且占有相当大的比例。如果把教会学校也包括在内的话,像燕京大学、辅仁大学、复旦大学、厦门大学都是当年非常有名的民办高校。后来1952年院校调整之后,私立大学几乎完全消失。这与目前世界各国的私立大学的状况相比,可以说是个非常悬殊的差别。有篇报道说,在美国、日本、菲律宾、韩国、泰国等国，私立高校的比例达到65%以上，其中日本达73%以上。我们所知道的世界名牌大学，像美国的哈佛、耶鲁、斯坦福，英国的牛津，日本的早稻田等，都是私立大学。中国在这方面我想在21世纪可能会有大的发展。你熟悉现代教育这方面的情况，那么对民间教育所起到的作用是如何看呢？

陈：我认为具有民间性质的大学体现出中国现代教育的第二类特征。它们不是官办的，而是知识分子出于爱国、传播民主思想的需要，利用民间力量筹办起来的。中国有大量这样的学校：它们是民间的、草野的。有些教会背景的学校，虽然情况比较复杂，但也可以算在里面。当然从大的方面讲，任何大学教育都体现了国家意志，但这类学校由于它的民间性，与北大那样的京师大学堂的背景有本质的不同，它一开始就渗透了非"庙堂"的民间精神。这种民间精神是指知识分子意识到"广场道路"在现代政治环境下无法走通时，在失败的艰难中离开了"广场"，来到了政治权利薄弱的民间，重新确定自己的工作岗位，建立新的价值取向。这可以用陈寅恪的"独立之精神，自由之思想"来概括。陈寅恪先生的这个思想是针对王国维自杀提出来的。王国维与当时的政治毫无关系。他去世时，正是北伐胜利、国民党将建立统一政权的时候；从理论上说，它是一个现代民族国家，爱国主义和自由民主都是适用的。而陈先生提出这个思想，却是与这个政府划清界限，他的"独立之精神，自由之思想"，不是放在政治民主的范畴来谈的，他与蔡元培的"兼容并包"不一样，他是作为一个学人来维护自己的自由思想、独立品格，他的价值是以知识分子的学术地位为标准的。传统知识分子只为圣贤立言、只对"庙堂"发言，在这种前提下，陈先生提出这个精神，他只对学术负责，只希望在中国传统学术思想上要维护独立、自由精神，而政治怎么样我不管——当时就是针对国民党政府而言的，就是你不要指望知识分子来响应你，来为你服务，知识分子有自己的东西，有自己实现价值的东西，它体现在学术上。

1950年代陈寅恪在中山大学时再次提出这个思想。那时中国科学院请他担任历史研究所所长。他重提出来的意思很清楚：我不反对国家政权，但我要维护我的独立思想。陈寅恪为近代知识分子指出了一条道路。当时像胡风那样的知识分子为了维护政府的纯洁性，上"三十万言书"，他的立场是"广场"的，价值观却是"庙堂"的。而陈寅恪的道路则非常清楚：在现代社会里，知识分子已无法承担这些重任，他只能承担学术范围内的事情。也就是说，在现代社会里，"政统"和"学统"是可以分开的，知识分子的传统可以通过自己的方式来维护。

李：这会不会被看作一种社会责任感的淡化，一种退缩？

陈：知识分子的责任感是退缩到学术责任里面，但也因此让学术充满了人格力量。知识分子对社会的看法、对社会的批判、对真理的维护，都是通过自己的学术行为来完成的。这样的传统，在今天中国现代教育里应当慢慢发展壮大，它的壮大是符合中国特点的。在民间岗位中，知识分子有很多渠道传播自己的精神，现代教育就是通过对学术思想的传授，完成知识分子的梯队建设，完成知识分子学统的薪尽火传。这样的话，社会风气的败坏兴盛，与中国文化精神的发展没有直接的利害冲突，即便知识分子没有一个好的社会环境，仍然能够在学术活动中安身立命。作家王安忆写过一篇文章，说知识分子的工作好像城市的森林，不能说跟城市有直接关系，但是它调节了城市的空气，清洁了城市。在中国现代化的过程中，特别需要有根据自己的现实处境使文化融会贯通的力量；如果不是这样，文化就会被国家功利主义政策所掩盖；或者就是生搬硬套外国经验和理论，造成学术思想的混乱。

李：所以你非常强调这种知识分子的学术性责任。

陈：这是中国现代知识分子离开"广场""庙堂"后的第一步，它产生了现代教育的第二类特征。它是现代知识分子游离国家意志后，重新开辟的传播知识、承传文化的空间；它是来自民间的、自由的力量。有了这种精神，才使现代知识分子的生长成为可能。

李：几年前，在"沧桑看云"专栏中，我曾经写过一篇《静听教堂回声》，集中谈现代文人与教会学校的关系。我觉得，对现代教育中的教会学校，我们很缺乏研究。你刚才把教会学校也列入民间一类。对于教会学校现在人们几乎避而不谈，但我觉得它也有你所讲的民间传统。教会学校在20世纪的作用是很值得探讨的，我希望有人写写教会学校，把院校合并中消失的教会学校的利与弊、兴与衰都探讨一下。我想听一下你是怎么看教会学校的？

陈：对教会学校我没有研究，只能说一点外行话。教会学校不是中国政府办的，它反映了西方思想文化和经济力量对中国的渗透。它是培养符合西方化人才的。在这样的环境中，知识分子地位是什么？教会是有外国势力做背景的，国家精神渗透不进去，它更具有非官方性。教会学校更多的是培养技术人才，像医学、土木工程等，这是以发达国家的经济文化为参照系的技术人才。自然，教会学校培养出来的知识分子也是爱国的，但它的主流不是反对西方帝国主义，而是希望中国跟西方一样发达，这种爱国主义表现内涵不一样。

李：可以说，它们培养了一代更具有开放意识的知识分子。

陈：这与中国现代化过程也是合拍的，它以西方发达国家为参照系，培养"可用人才"，但这里面也是有负面因素的，这回就不谈了。

五、教育者是知识分子还是官僚

李：你对现代教育中的职业教育如何看？

陈：我认为职业教育一类的学校，应该是现代教育的第三类特征。这一点在上海这个地方就非常明显。民间办起了非人文学科的职业学校，还有技术学校，像黄炎培的中华职业教育社。中国过去是不重视这方面的，传统教育着重搞精英教育。职业教育培养的是典型的"可用人才"，提供普通人的文化知识，提高全民族文化素质。在现代化过程中，职业教育起到了很大的作用，它使没有机会读书的阶层获得文化知识，这是第一；第二，当时从事职业教育的教育家都有外国实用主义的教育背景，他们不是"土秀才"，他们把西方现代教育精神贯穿在普通教育中，使普通人有民主思想；另外，他们不是通过抽象方式来施行教育，而是通过非常生活化的、职业化的教育来提高民族素质。中华职业教育社跟人文学科的大学不同,大学是精神层面的,中华职业教育社是生活层面的,但它不是没有自由精神,而是结合具体的职业技术培训来传播人文精神。邹韬奋就是由职业教育走上民主斗争的(不像现在,职业教育完全抽空了人文精神)。

李: 根据我所看到的资料,过去搞平民教育、乡村教育的知识分子,都是具有人文理想和独立个性的人,这也决定了他们培养出来的人才的特点。我看过一篇关于陶行知的文章,说他在南京郊区办晓庄学校,一天蒋介石去看他,事先没联系,接待科长就跟陶行知说,委员长来了。陶说,告诉他,我现在正在给教师讲话,不能接待他。蒋等了很长时间,走了。这件事可能有两种解释,一是他有革命思想,与蒋介石不合作,采取的是反对态度;二是知识分子是有人格的,有傲气的——我是教育家,教育家与政治家是平起平坐的。也说明了在当时的情况下,他有这种勇气,不过,蒋介石也不能把他怎么样。知识分子的独立精神是教育家必不可少的。我不知道现在的教育工作者还能否有这种精神,不要说国家级的大官,在一个现管他的干部面前能这样傲就了不起了。

陈: 培养"可用人才"仍然要有一以贯之的知识分子的人文精神在里面。所以要总结现代教育的经验,我认为三类特征都要兼顾:第一是国家意志也有从专制向民主转化的意识在里面,知识分子应该有超前的民主意识为向导;第二是知识分子有独立于"庙堂"的民间学术立场,学术责任也可以高于国家责任;第三是知识分子在从事职业教育的过程中同样要渗透人文理想。这三者是知识分子对"庙堂"、对专业、对民间的态度，它们完整地体现了知识分子在现代教育中的位置。现今知识分子在这三个方面都退出了：一个是长期的政治运动扫荡了知识分子的精神力量，使民主意识排除在国家意志之外，使学术传统不再是知识分子安身立命的知识空间，使人文精神不再成为知识分子的根本精神，知识分子就没有力量参与社会，很容易蜕化为混饭吃的教书匠、打工仔。在精神萎缩的状态下，哪怕是搞职业教育，也变成了办"贵族"学校这种怪胎。我不否认教育可以赚钱，但陶行知、黄炎培他们搞教育不是为了赚钱。如果只看到赚钱，就把知识分子精神自我阉割了。有时为了政治上避祸，知识分子故意强调自己的专业与精神思想无关，强调自己只是搞技术工作，由此自己把人文精神抽掉。面对这样的现状，教育能不迅速堕落吗？

李：教育界知识分子的精神萎缩可能来自两个方面。现在我们讲的教育的问题主要是从经济方面上讲的，说学校资金缺，教师待遇低，都是事实，但还有更重要的一面是教育工作者的政治地位和社会地位有待提高。过去的中小学校长在地方上非常有威信，一些事情上县长都要尊重他们，这也可能是表面上的，但是至少说明知识分子在民间是有威信的，而现在的校长基本上是任命制，他们不一定是教育领域的优秀人才。我记得有一次去参观南方的一个中学，按说应该由校长介绍学校的情况，可是却由县长介绍，校长只是畏畏缩缩地站在一边，从这些小地方看，校长是根本没有地位的。他是由政府任命的、要靠政府来拨款的，只好跟在县长的后面。所以要恢复教育在民间的地位，让学生产生对教育工作者的敬佩，知识分子不但在学术人格上做出表率，而且还应该有一定的社会地位。

陈：这些现象都有些积重难返，无法即刻间拨乱反正。现在把教育官僚化了，把它纳入国家权力系统的一部分。这种情况下，学校的官员是由政府任命，校长也是一种干部级别，是以考察干部的方式来决定校长任命的，校长并不必须以教育为专业，或以教育为理想的。有些大学校长是某一方面的著名专家，但他不一定是教育家，不一定对教育有根本性的理解。现在，我们很少见到哪个大学校长有阐述自己独立教育思想的著作，很少见到他们对社会转型期间的教育特征、经验教训、人才培养目标、知识分子社会责任等提出系统的理论思考。我们的教育没有建立起它自身的价值系统和价值标准，学校只是国家官僚体制中的一个环节，校长与官员在一起是上下级的关系，在官员的心目中，校长就是想各种办法来要钱化缘的人，在这样的情况下，教育工作者怎么能让人尊重？

李：现在办教育也实在太穷，校长不能不把精力放在到处化缘要钱上。报纸上经常可以看到地方上教育经费低于其他经费，或者教育经费落实不了。

陈：让校长变成一个要钱化缘的角色也是荒唐，我们是国家办的学校，又不是私人企业。现在农村教育萎缩得厉害，每当电视节目报道这些方面，都让人气愤得看不下去。制作节目人员可能是为了引起社会的同情，来支持希望工程。但我总觉得，教育应该成为国家的头等大事，首先就应该由国家出来维持，通过法律来保证教育事业。一个县一个地区每年必须有多少比率的税收用于教育经费，硬性规定下来，有政策、法律保护。你可以不吃不喝不买车不贪污，但不能不出这笔钱。中国是个官本位国家，只要把教育经费投入的多少作为地方官员升迁的重要考核依据，这个问题就解决了。有时看到新闻里表扬某些地方官员"重视"教育，说什么"宁可卖了小车，也要办好教育"，不知道后来那位官员是否真的卖了汽车。但我感到悲哀的是，连教育经费都拖欠的地区居然还有钱买小车，这样的地方官员本来就应该罢免。如果有这样的社会共识和民主机制，我相信中国的经济再糟糕，也不至于教育经费不足。真的能这样的话，校长在官员面前就不再是求乞者的形象，反过来倒是监督官员是否违法的人员，在官员的眼睛里地位就不一样了。

李：除了干部以外，作为知识分子的教授也应该对学校的教育建设负起一定的责任。教育不论是人文学科还是理工科，都是承担为未来培养人才的职责。你对知识分子在教育上的责任如何看？

陈：我觉得人文学科的知识分子应当承前启后，自觉承担起传播人文精神的传统。任何职业一旦没有了理想，没有了从业者的创造性开拓，就不会有好的发展。知识分子作为人文精神的承传阶层，如果没有理想和胸怀，没有敬业、献身的精神，本身就不再是知识分子了。教育界是知识分子云集的地方，知识分子首先应该自觉地确立岗位意识，思考如何在自觉的岗位上履行自己的职责。知识分子在教育上要敬业，要以培养优秀学生为目标，要承担精神传播的责任，要培养有思想的知识分子。即便是技术人员培训，也要有人文精神在背后，使他们成为人格健全的人。如果没有人文精神的支撑，技术也会使人堕落。前不久报纸上登过一个消息，有一个理工科毕业的很优秀的大学生，结果利用技术参与制造毒品，知识都用在别处了。

要使我们的教育健康发展，我的态度是，第一要恢复知识分子的自觉。首先要认定自己是知识分子，要尊重自己和自己的职业。比如农村的校长，在文化普遍低的情况下，他要确立自己的知识分子地位，就要对社会起到监督作用，要对地方的发展提出高明的建议。如果同流合污，整天陪县长镇长吃饭，怎能获得人们的尊重？当然，要获得人们的尊重也要付出代价的，恐怕要受到压力的，但这是相辅相成的。第二，是要扩大民间教育。现代教育不能搞大一统，一个健全的社会对人才的需求是多层次的，多层面的，一个学校不可能同时培养几套人马。要适应多层次的需要，教育也应该是多层次的，除了体现国家精神的高等学府外，其他方面的教育应该放手，让大量的民间力量参与办学，不能让办学仅成为一些商人赚钱的手段，应该鼓励知识分子参与民间教学，让他们办职业教育，用他们的理想去教育学生，让学生有中国传统历史文化修养，有健全的人格，培养有尊严的一代。第三，在高等学校应该鼓励专家治校。反"右"时候，"教授治校"理论被批判，结果是，现在各个大学的行政工作人员大于教育人员。这是极不合理的现象。应该大大压缩非教育人员，使学校以教育人员为主，建立起行政人员服务于教育人员，而不是行政人员管理教育人员的格局；要真正恢复教授在学校中的地位，让他们有发言权，教学方案和形式应该以教授的意见为主，而不是行政人员空想一套方案由教授去执行。那是本末颠倒。

李：1992年我去瑞典的隆德大学访问，那里采取的就是这个方式，经费落实到系里，开支由教授决定。这恐怕也是世界大学体制改革的趋势。

陈："教授治校"是高校体制改革的必要步骤。"教授治校"不是抽象的，也不是危言耸听，系主任是执行教授主张的执行人员，教师监督系主任执行得怎么样，以系为单位，所有教授、副教授都有参与系工作的权利，教育经费和人事安排要通过教授委员会，以少数服从多数的方式来执行。在上层，学院和学校还有更高一级的教授委员会，要保证教授在教授委员会有发言的权利，再设立监督委员会，监督教授委员会工作。这样就把现有的体制颠倒过来了，这样教授不再是打工人员，他对学校也有了责任感，慢慢就会履行自己的职责，学术活力也会恢复起来。

李：还有个人员流动的问题。现在恐怕还不能像1920年代那样，今年在这个大学，明年在那个大学任教。这种情况涉及到待遇、住房等问题，还有户口制度问题，实现起来很难。我想应该鼓励民间私立学校聘教授去兼课，政府规定民间大学必须要有多少教授兼课，这样能保证民间学校的教学质量。

陈：你看，我们又把问题谈具体了，越具体就越复杂，现在谈起来还为时过早呢。总的想法是应该让知识分子在教育领域把积极性充分发挥出来，把自己当作教育领域真正的"匹夫"，而不是消极地做个教书匠。"教育兴亡，匹夫有责"，让知识分子觉得自己在教育上真正发挥了作用，他们的责任心也就出来了。

初刊《青年文学》1999年第2期,原题为《陈思和:永远的困惑与误区——关于教育的历史与现状》

从中学语文教材改革谈起
——答刘旭[①]

刘旭（以下简称刘）：从今年9月份开始，人民教育出版社的语文新教材即将在全国学校使用，内容比以前有了较大变动，您对增删的文章有什么看法？

陈思和（以下简称陈）：对中国整个教育制度存在的问题，过去我曾在一些文章中谈到过。中国中学教学存在的突出问题是，教育思想和教育目的缺乏以知识分子人文理想为灵魂的精神支柱，说到底，是对中国社会将来需要什么样的人才缺乏战略性的考虑。具体来说，就是急功近利的应试教育主导了中学教育的一切工作。我并不是说应试教育完全不需要，但一味地把升学率推向极端，显然要影响到、危及到学生人格的健全发展。这些是应该纠正的。

从我的研究专业角度而言，我觉得这个新教材比过去有了新的变化：文学作品的思想性和现实性加强了。过去选入的

---

① 刘旭，时为华东师范大学中文系博士生，现为华东师范大学中文系教授。

一些文学作品，当然不能说完全不好，但其中有些是20世纪五六十年代反映当时主流意识形态的作品。这些文学作品尽管文字是漂亮的，很有文采，但是从思想意义上说，它们都严重背离和歪曲了当时的现实生活。当时现实生活中非常尖锐的矛盾冲突，人民群众在极"左"路线迫害下的悲惨遭遇，都被避开了。换句话说，当时发表这些作品的作家们，缺乏作为灵魂工程师应该具有的对国家命运、对人民命运的责任心，他们像传统士大夫那样去炮制应景应时、歌功颂德的美文。这样的作品，不但不能反映当时的社会真实，而且对现在的学生来讲，也是非常难以被理解的——它表达的那些空洞虚伪、矫揉造作的思想情绪，对现在的中学生来说，也是不健康的。我们今天不需要再培养那种宫廷诗人，或者说御用文人的品质了。今天我们对中学生的培养，应该是着重培养他们在未来社会中敢于有所担当的现代知识分子的人格，培养现代人应有的独立意识、批判精神和能够与世界对话的真正有用之才。以前的教科书里有个别文章，从思想内容来说是扭曲生活的、不健康的，从词藻来说是华而不实的，文体又是不顾民间疾苦的歌颂阿谀体，用它们来教育学生，是误人子弟。

另外一些，虽是非常好的文学作品，但不适宜作为中学教材。比如鲁迅的《论"费厄泼赖"应该缓行》，这样的文章是鲁迅当时在非常复杂的生活环境中写成的，它带有很大的历史具体性。如果脱离了这些具体性，抽象地来谈这个作品，要讲清楚这些作品的真正意义就比较困难。因为时过境迁，今天年轻的中学生很难再还原到那个时代的生活氛围和历史环境中，今天的教师也很难把握鲁迅在这样的文章中所表达的复杂思想和具体的斗争精神,这些东西用通俗易懂的语言又很难阐释清楚,所以给中学生读是不适宜的。对鲁迅作品的不全面的理解,比如把鲁迅的作品孤立开来,一味强调鲁迅的"斗争"啊,"打落水狗"啊,"一个都不宽恕"啊,等等,尽管都是非常深刻的见解,都是鲁迅从血的教训中得出来的经验,但这些人生经验在那些对血的教训毫无感性认识的中学生眼里,实在是太难懂了。我认为这些文章不是不应该读,而是应该放到以后,让孩子有了一定的社会经验之后再来读,这样也许能更准确地来理解鲁迅。

所以,从新教材中删去的文章来看,我觉得这样的改变是对的,确实体现了我们今天的时代精神,是符合今天中学生教育需要的。另外从增加的文章来看,总的来说是非常好的,像余光中的《乡愁》、徐志摩的《再别康桥》、牛汉的《华南虎》、朱光潜的《谈读诗与趣味的培养》,有论说文,有诗歌,有散文,非常适合给中学生看——虽然很浅,但文章感情饱满,非常美。

刘:我觉得徐志摩的《再别康桥》能选进语文课本是很了不起的,那种美好的意境和丰富细腻的感情,是无法用一个确切的"意义"来"概括"的。这首诗在相当一部分中学教师心中,怕还是"资产阶级情调"的东西。

陈:你提出的徐志摩的《再别康桥》的入选问题,现在不应再有"资产阶级情调"一说了。如果今天还有谁要这么来识别什么是"资产阶级情调",那我们只要走在马路上,触目惊心的都是比"资产阶级"还要"资产阶级"的"情调"。而徐志摩的这首诗,无论从感情的美和文学的美来说,都是中国现代文学史上第一流的诗歌作品。我觉得从诗歌艺术本身来讲，它已经解决了"白话诗不像诗"的问题。新文化运动提倡白话诗歌以来，很长时间都没能解决这个纯粹是美学上的问题。胡适最早尝试了白话诗，虽然打破了旧的格律诗的框架，但是没有诗意，让人感觉不到诗歌的美。郭沫若天马行空似的《女神》，虽然大大开拓了现代汉诗的美学空间，但又过于粗糙和狂暴，就像一把双刃剑那样，在建构现代汉语诗歌美学的同时又破坏了诗歌的美学规则。闻一多虽然是最自觉地实践现代格律的诗人，但他的诗比较拘谨，束缚太多，所以影响了诗歌的流畅性。徐志摩是非常天才的诗人，在他的诗歌中，流畅地体现出一种现代汉语诗歌的美。总之，《再别康桥》在探索现代汉语诗歌美学方面作出了很大的贡献。

刘： 人民教育出版社在关于中学语文新教材的答问中曾说，新教材的第一个指导思想就是"工具性"和"人文性"并重。也就是说，既要培养学生把语言作为交际工具的能力，同时又注重文学方面的素质培养，以此来发展健康个性，形成健全人格。您认为这样做意义何在？又该怎样保证语文教育的"人文性"？另外，您认为"人文性"包括几个方面？

陈： 过去听好多人提到过，中学语文教学有一个占主导地位的思想，认为语言就是一种工具，一种客观的知识，只要把语言知识正确地传授给学生，中学语文的任务就完成了。我不知道真实的情况是不是这样？假如真是这样的话，我觉得那是有问题的。

语言是一个载体，把语言作为一种知识，它只是帮助人更好地表达思想和感情。如果离开了文字所载负的内容，把语言作为一种知识,当然也应该学,但中学语文最重要的一面不应该是这个。中学生从十二岁到十八岁,是心理最丰富的年龄阶段,也是对人生充满幻想的时候,那是他一生当中最美丽动人的时刻。在这个阶段,他将从不自觉变得自觉起来,并一点一点地意识到人性的力量、人性的内容和做人的价值。所以,中学教育是不是具有人文性,是至关重要的。如何教育学生认识世界,认识自己,如何培养学生有健全的人格,都需要在这一阶段完成,而不是放到大学里来完成。语言的准确性,语言知识的准确性,只是为了让学生走近人文理想的工具,而不是最终目的。

那么,如何让中学生接近人文理想呢?对于一个青少年来说,你要培养他健康的人格,最好不要用那种教条的方式。学校是一个教育学生的课堂,完全有权用一个政治条例,用一个思想教条,来规定学生必须怎样做。这当然是可以的,但这样做并不能真正达到目的。语文教育恰恰能在这个地方起到关键作用。将来要做一个怎样的人,这对中学生来说是一个至关重要的问题,但这个问题不是通过教条的、政治的、道德的教育就能够解决的。而语文课的功能之一,就是通过感性的、感情的交流,把学生心灵中美好的因素、崇高的因素都调动起来,帮助他们建立一种对生活的美好信心。如果仅仅满足于用一种枯燥无味、面目可憎的政治教条来给学生灌输,结果肯定是适得其反。从这个意义上说,我觉得培养学生有一个健全的思想,知道什么叫爱,懂得什么是美,懂得什么样的人才是高尚的人,这些都必须在语文教材当中解决。这是一个方面。

另外更加重要的是,今天的中学生就是明天的知识分子,他们将来毕业走向社会，或接受更高教育的时候，除了社会经验与专业知识的加深以外，更重要的是如何接受一个现代知识分子的传统教育。这里就有一个教育的继承性的问题，就有一个精神传统延续性的问题。中学生刚刚开始接触这个社会，有许多现象是难以辨别是非的，学校也不可能给他提供现成的答案，所以，中学语文教材里面应该包含一种和他们以后的发展密切相关的现代知识分子的传统教育。今后考上大学，走向社会，或继续深造的时候，当他们再面对新问题的时候，就不会感到陌生，不会感到反感了。

这两个东西，这两个方面，都应该在中学语文教材里，通过所选的课文，通过所表达的思想内容而有所体现。也就是说，对于什么叫现代知识分子的人格，什么叫现代知识分子传统，什么叫现代的健全的人格，这些都应该通过语文教材，通过活生生的感性形象来解释。

这是我对教材改革的一个看法。总之一句话，如果离开了现代知识分子的人文精神，把中学语文教育还原到仅仅讲授字词的正确运用上去，那是缩小了语文教学的重要性。进一步而言，教会学生如何说话当然是重要的，但问题是，他讲什么呢？

刘：还有一个素质教育与学生负担二者关系的问题。现在有一种现象，将素质教育与减轻负担等同。不准给学生补课，是很有积极意义的，初中似乎是没有必要补课的，但在高中，尤其是高中第三年，大多数学生是极希望补课的。搞所谓"素质"教育，开第二课堂，未必不会成为学生的沉重负担。此时的学生大多数是没有自己独立思想的，家庭决定着他们的一切，家长的利益关注点就是他们的利益关注点，这就造成了一切以通过考试为目标的后果。学生自然也是如此，因为这关系到他们今后的命运，如果所谓的素质教育干扰了他们的考试，他们绝不会同意的。所以说，如何确定正确的素质教育模式，以及如何实现素质教育，是个很重要的问题。

陈： 关于素质教育与应试教育的问题比较复杂，我因为不在中学教育第一线工作，不太了解实际情况。一般说来，规定不准给学生补课，是因为学生的所有知识首先应该在课堂里解决，我们的教育大纲，我们的教育内容，既要与学生所能够接受的知识能力相结合，也要与考试的标准结合起来。就是说，一个优秀的教师，他应该利用课堂里的时间，使学生能够受到充分的知识教育，而不是把教育的重点放在课外去补课。

这牵涉两个问题：第一，课堂教育内容不应该成为中学生所接受的全部教育内容，中学生应该有大量时间走出课堂，去接触课堂以外的知识，比如了解社会，感受人生；中学生也应该有大量的课外阅读，来补充课堂教育的不足。而现在的补课者把课堂教育的有限内容无限扩大，占领学生所有的时间。这对学生来说是一种侵犯，是对学生健康成长权利的侵犯，是教育无能的表现，也是今天的中学教师不负责任的表现。说句实话，现在中学教师要补课，要做家庭教师，有一个不言而喻的原因，就是可以增加灰色收入，这也是可以理解的。但如果仅仅为了这个目的，而造成他们在课堂上不认真上课，却在课外占用学生的时间，这个手段就是可耻的。我觉得，学校不但应该保证让学生在有限的课堂时间里得到充分的教育，获得学校应该给他们的知识，还应该保证学生在课外接受课堂以外的知识来充实自己，反过来增强他们对课堂内容的理解。这就对教师提出了很高的要求。当然对于一些学习成绩较差，或者说，他的接受能力还不足以使他完全接受课堂教学内容的学生，适当进行补课是应该的。这不能一概而论。最重要的一点是，这不能成为中学教师获得灰色收入的手段。如果这条路堵绝了，关于补课的问题就会解决。

第二，关于减负的问题。减负必须与考试的改革结合起来。如果我们负担减了，课不补了，但是考试的实质性标准没有改变，还是一考定终身，仍然以原来的方式来录取学生，我想减负和补课的问题都不可能得到根本的解决。我并不否认要通过考试来了解学生的知识状况，但我想考试不应是唯一的衡量手段。这个问题比较复杂，现在各方面的人士对此有各种看法。比如说《萌芽》杂志开创的"新概念"作文，它首先把一般的作文竞赛或提高中学生文学水平的竞赛，与高考结合起来，与高校的招生结合起来，使某一些学生可以通过一篇优秀的文章进入高校，充分发挥他的才能。这样一种尝试，效果好不好，以后要看实践，但我觉得是有益的，现在有很多高校也正在探索如何摆脱仅仅依靠考试来录取学生的局限，尝试着给学生以多方面的升学机会。这个问题就需要通过具体实践来探索，不能随便推出一个结果。

对素质教育问题，我想也不能机械地理解。比如，学校里的素质教育课一定要占学生多少时间才叫素质教育？我想首先应该给学生提供一个非常好的学习环境，让学生不要有很大的学习负担，让学生多接触社会，多参加社会公共事务，有更多的时间来选择课外阅读，接受社会上各种各样的知识等，从各方面来提高他们的素质。不能像上语文课一样，再加一门素质课，这不但不能减负，反而加重了学生的负担，把"素质"两字也变得面目可憎。更要不得的是，把素质教育又变成了应试教育的一个组成部分，再通过一个素质考试来约束学生，其结果也许会适得其反。

刘：有不少人认为素质教育应该将学生培养成专才。但学生死记硬背课本上的东西，也未必不是好事。艾略特在论及现代教育时就曾说过，教育的一个组成部分就是，使我们自己对那些没有什么特长的学科产生兴趣，这样就能避免知识面上的过于狭窄，避免因知识面的狭窄而造成认识的单一化和僵化。因为在我们的社会中，如果都是些拥有高技能但精神上不辨是非的专才，社会发展中的问题会更大。您怎么看待"素质"与"专才"的关系？

陈：我不太理解你这个问题，这似乎和素质教育没有关系。有出息的人，将来都可能是专才，因为一个专家——我们要培养各个领域的专家——就是对某一个专业有特殊造诣的人。从这个意义来说，我们今后的人才培养的最终目的，就是要把学生培养成尖子专家，比如读研究生，为什么要分各个专业，就是要把学生培养成专才。问题是这个目标对中学教育是不需要的。中学阶段根本就没有才能可以发挥，也很难说他某一方面的才能有很大的潜力。在这种情况下，我认为中学教育应该给学生一个对客观知识进行全面了解的机会，尽管我们也知道，有些知识如果今后不去做专门研究也就没有用，但是我觉得作为一个思维训练和知识训练，仍是必须的。所以，在中学里面，不能排斥对知识的全面理解，也不要过早地认定这个孩子应该学文科还是理科，应该成为一个什么家，这都是不现实的。但是，也不应该机械地来理解这个问题，如果我们在教学中确实发现某些学生对某种专业具有特殊才能，也不妨对这样的学生网开一面，让他们有充分的机会来发展自己。但问题是，知识是相通的，如果你在一个专业上深入研究下去的话，你就发现，一个人知识面越广，对自己专业的研究就会越深刻。语文也好，数学也好，都是对学生思维的训练，比如像几何、代数这些课当然是很抽象的，但是它们归根结底还是帮助学生培养一种科学的逻辑思维能力。这样一种逻辑思维能力，对他们学习任何一门专业，任何一种专门知识，都是有用的。而且作为现代人，传统意义上的狭隘的专门知识界限已经被打破，现代的知识是互相渗透的，即所谓的跨学科——国外也是这样，好多学科都是新产生出来的——这样一种文理兼通的、跨学科的知识，必然要有很宽的知识面才能够深入，才能够使他成为一个方面的专家。

刘：关于学生的人文教育方面，还有一个重要问题，就是学生在学习和作文中如何直面人生。学生在学习和作文时敢于直面社会的黑暗面，这是一种优秀的品质。有些教师却想方设法压抑它，这是很不正常的。在当前语文教育中，就仍然存在着虚伪的"光明化"现象，比如作文考试，学生写了社会黑暗面就得不到好分数，结果造成学生不敢面对社会不良现象。这种问题能不能得到解决？又如何解决？

陈：你是否指语文教材中没有敢于直面当前社会弊端的作品？这也是比较复杂的问题。我觉得理解现实社会的黑暗，是帮助学生理解生活的一个重要途径。中学语文教育不应再像

"文革"以前一样，鼓吹"到处莺歌燕舞"，让学生陶醉在一个脱离生活的幻想中，即人为制造的一个所谓"生在新中国，长在红旗下"的虚假理想主义中。如果我们给学生引入这样一种让他完全不理解社会复杂性和阴暗面的虚假环境中，那么他在面对社会、认识生活方面很可能是残缺不全的，将来走向社会时，就会丧失辨别是非和抗争黑暗的能力。所以我开始就说，像杨朔散文那样的所谓美文，给孩子读真是有害的。现在一个中学教师，无论是政治教师，还是语文教师，都应该帮助学生认识生活中的黑暗和邪恶现象，应该鼓励学生对生活作独立的思考，培养他们的批判精神。正是在这样一种抗争黑暗、批判现实的实践当中，才可能真正养成现代知识分子的人文理想和人文素质。

刘： 但这儿又有个"大众"的问题。大众是以直接利益来决定自己的行动的。对学生来说，是应该教其坚持"正义"，还是为了前途而"中庸"？大的方面且不说，单单在一个学校中，直接指出学校领导的不对之处，甚至只要指出代课教师的错误，就常常后果不堪设想。站在他们的角度想想，似乎又觉得没必要为了这点小事，或与己无多大关系的事，耽误了自己的前途。但是，"正义"又在何方呢？

陈： 我说过，这个问题比较复杂，在进行人文教育时还要考虑到另一面。因为中学生缺乏社会经验，他们实际上还不具备与社会邪恶力量作独立斗争的能力，所以在帮助学生理解社会生活黑暗，鼓励他们与不良现象作斗争的同时，也必须严格掌握分寸。要保护中学生应有的对人生、对社会、对人类的热情和理想主义，不能把过于黑暗的思想灌输给学生。有些东西很难说，比如前面说的鲁迅的有些作品，很深刻，但他看人很阴暗。我刚才说，他是通过血的经验教训来得出对人生的体味的，但当学生没有这种人生体味的时候，你把这种思想灌输给学生，反而会把学生天真的心情弄得混乱。所以我建议把鲁迅的有些文章要放到以后，等他们有了社会经验以后再读，就是这个意思。同时也不能盲目地鼓励学生同社会的邪恶现象作斗争，因为中学生还是非常嫩的一颗幼苗，只要让他掌握辨别是非的知识，启发他们内心深处对善恶的认识本能，就够了。当他们以后进入社会，有了足够能力的时候，他就会自觉投入到这样一种实践中去。相反，过早地把他们培养成一个战士，那无异于害了他们。总的来说，学生需要一种人文精神的支持，需要正确的教育帮助他们健康地、活泼地、正常地走上社会。

初刊《教育参考》2000年第5期，原题为《反思与前瞻：从中学语文教材改革谈起》

文学会使校园变得更美好
——答刘志荣[1]

刘志荣（以下简称刘）：复旦大学的中国现当代文学研究有自己独特的传统，尤其近些年，在您的带领下，中文系不仅在中国现当代文学史研究方面一直保持领先水平，而且培养出许多文学批评人才，很受关注；近年来，由于王安忆的加盟，又成立了"当代文学创作与批评中心"，争取到全国第一个"创意写作"的艺术硕士点（MFA），在培养文学写作人才方面有了进一步的努力。您能否谈谈这方面的体会吗？

陈思和（以下简称陈）：以前的中文系，也有叫"国文系"的，包括经史子集教育，主要偏重于国学研究、古籍整理、音韵文字以及古代文学研究。1949年以后文史哲分工逐渐明确，教育格局有所改变。"文革"后期的大学中文教育彻底打破了这个传统，复旦大学中文系开始设立文学创作和文学评论两个专业，培养的目标也是创作人才和评论人才，有点实用主义的

---

[1] 刘志荣，时为复旦大学中文系教授，现为中山大学博雅学院教授。

味道。梁晓声就是当时创作专业的学生。"文革"结束后恢复高考制度,我在参加第一届(1977级)高考时,中文系招生简章里只分语言、文学两个专业,创作专业取消了,文学评论专业就被容纳到现代文学专业。我们刚进校的时候,系领导就知道我们班上很多同学是为了考创作专业才来的,系主任朱东润就直截了当地告诉大家:"中文系不是培养创作人才的。你们以后可以在生活实践中去学习创作。中文系就是培养文学研究人才,先要打好文学基础。"然后就讲了很多读书的道理。那时候很多教师岂止不支持学生创作,连学生在报纸上发表短文章(那时叫"豆腐干文章"),也会在课堂上公开揶揄,认为这是为了混稿费而浪费学习时间。但是还是有写作课,讲一些"凤头猪肚豹尾"之类的写作技术,作业也布置写小说散文什么的。卢新华的《伤痕》就是这样写出来的。当时教师不主张学生在报纸上发表文章,其实也包含了"短、平、快"的评论文章。

从学术研究上说,以前研究古代语言文学的学者,不大看得起现代文学和文艺理论学科,主要是怀疑这两门学科的学术含金量。那个时候的主旋律是意识形态领域的阶级斗争,语言没有阶级性,这是公认的,比较纯粹;古代文学、文献专业相对稳定;而现当代文学和文艺学基本上是在意识形态控制下的斗争工具,学者想认真探讨一些文学规律和文学经验,就会受到批判,要想生存,就只好甘当阶级斗争的工具,或者就平平庸庸地混着。1980年代以前这两门学科无甚可观。写作就更低人一等,大学里的写作课是什么人都可以去上的。复旦大学的写作教研室一度没有固定教师,由新进的青年教师轮流上这门课。这种偏重古典、轻视现代文学、文艺理论的风气,在民国时期的大学里也一样。台湾的大学教育也是这样,20世纪六七十年代台湾的重要作家都是外文系毕业,而不是中文系。

这个现象在1980年代以后逐渐改变了,主要还是社会发展过程中,现当代文学与文学理论两门学科越来越成熟,越来越体现出它们自身的价值观和独立的学科力量。文艺理论学科的发展可能与1985年的"方法论热"有关,当时引进大量西方文论,打破了原来大一统的理论格局;现当代文学学科的转折点也是在1985年,当时北大的几位青年学者提出了"二十世纪中国文学"的文学史观,打破了近代文学、现代文学和当代文学的格局。现在回过头来看那段历史,1985年那场文学领域的"革命"存在的问题也很多,需要反省,但是当时确实把学科意识强化了,慢慢地显示了独立的学术研究的自觉。现在综合性大学越来越普及,现当代文学专业承担了很重要的责任,表面上看,学科歧视已经不存在了。

至于说到复旦中文系的现当代文学学科和写作教育的发展,倒不是我担任系主任以后的事,之前复旦中文系的现当代文学学科就有一些特点,可能与别的学校不一样:一个是复旦从来没有独立的当代文学教研室,也没有独立的当代文学学科。我留校任教的时候,系里给我安排了一门课,要从现代文学一直讲到当代文学(先是新文学七十年,后来就是20世纪中国文学),后来进校的青年教师也是这样上课的。所以,研究现代文学的青年学者自然会把当代文学、甚至当下文学现象都放在研究视阈里,把现代、当代看作一个整体的文学。郜元宝是研究鲁迅的专家,张新颖是研究沈从文的专家,但他们同时又都是当代文学领域卓越的青年批评家，现在你和金理也在走这样一条路，李振声、倪伟也是这样。这似乎是复旦中文系的一个传统。我们的身份也是双重的，既是学院里"术业有专攻"的专家，同时也是关注当下社会和文学的批评家；还有一个特点是没有放弃过创作。复旦大学历史上曾是一个比较"草根"的学校，曾经聘请过许多著名作家来复旦教学，如小说家孙俍工、靳以、戏剧家洪深、散文家方令孺等，后来又有贾植芳，著名的"七月派"作家。他们当时都担任过写作课教师。在我留校以后，中文系也有很多教师都在从事创作，写长篇小说、散文。这对学生一定会产生影响。王安忆进复旦任教以后，教育部特批建立全国唯一的文学写作硕士点，以后又作为试点开设了MFA"创意写作"专业硕士点，都是顺风顺水的。目前已经培养了好几届学生，有几个在写作上是比较成功的，像张怡微、甫跃辉、邹霖楠等。

可能是因为复旦中文系的文学教育传统比较强，所以老先生总是会强调中文系不培养作家、不要写报章文章，等等，意在培养学生走学术道路，强调多读书、多做学问，而不要迷恋文学创作和急功近利地追求发表文章。但随着现在教育观念、培养目标的变化，这样的风气已经淡漠了，教师也不会反对学生发表文章，反过来唯恐学生发表不了文章，不能毕业拿到学位。不过，从"新概念"作文大奖风行以后，风气已经发展到另外一个倾向上去了。

刘：以您看来，大学的文学教育应包含哪些内容？它在今天能起到什么样的作用？此外，我们知道，是在中西方教育传统中，如中国的"六艺"（诗、书、礼、乐、易、春秋）与西方的 liberal education(博雅教育，也译做自由教育)中的"七艺"（算术、几何、天文、音乐、文法、修辞、辩证法），类似于今天的文学方面的教育，只是整个教育中的一部分，只是在一个系统、一个结构中发挥不可替代的作用。您怎样看待今天的文学教育与广义的人文教育的关系？怎样看待今天的文学教育在人格养成方面的作用？

陈：文学教育的定义，顾名思义，应该是关于文学的教育或者以文学的方式进行教育。我们从小就接受文学教育，那是以文学为方式的开蒙教育。我们儿童时期都会唱儿歌，背唐诗，听童话，读儿童书籍，讲故事，等等，都属于文学教育。它是以一种形象思维、寓教于乐的方法来进行启蒙教育。中学以后，因为高考的压力，应试教育占了上风，渐渐丧失了文学教育功能，中学里有语文教育、知识教育，但很少从审美角度来讲文学。这样一来，大学的文学教育就变得非常重要。

什么是大学的文学教育？我想应该分为两部分：第一部分是文学方面的专业教育，即以文学为教育的内容，并且以文学的方式，偏重于审美性、艺术性、赏析性的教育，旨在提高学生的文学审美能力、艺术鉴赏能力、文学批评能力、文学写作实践能力（后一种能力有待于文学写作的实践教育，如复旦大学中文系设置的创意写作专业硕士教育，而不是指一般的大学写作课程）；第二部分是指大学通识教育里的文学审美性的课程，它属于一般人文教育的组成部分——大学素质教育一般偏重人文教育而不是技术教育。

要讨论这个问题，还是要先讨论一下为什么要强调文学教育？文学教育对学生真的那么必要吗？在我看来，文学教育是整体的人文教育的一部分，而人文教育与知识教育是不一样的教育类型。知识教育对学生来说是从无到有的教育，即受教育者原先不具备某方面的科学知识，他不通过学习是永远不会掌握的，如数理化知识、外语知识，包括人文学科中的某些知识体系，所以需要进入专门的教育机构（如学校）接受这方面的教育，他通过接受教育成为一个有知识的人；然而人文教育是涉及到人之所以为人的一些根本性的问题，说通俗些就是人性的教育。人性存在于人的本性之中，人文的要素是每个人都与生俱来的，因此人文教育不是从无到有的教育，不是把外在的知识通过教育灌输到人的头脑中去，而是一种含有启蒙性的，通过教育来激发受教育者内在的人性因素，使之觉悟到人之所以为人的自觉性。

因此，人文教育是一种特殊的教育，它是通过启发受教育者意识到某种与自己生命内涵相连的东西，使其获得对自己的深刻认知，从而获得做人的尊严和自觉。人的身上有许多与生俱来的感情和伦理要素，如喜怒哀乐、同情心、正义感、助人为乐与群体性分享、荣誉感和羞耻感、对爱与被爱的渴望、生命本能的许多冲动等等。这些要素本来是不需要别人灌输给他的，是与生俱来的，但由于社会环境的复杂力量的影响和制约，人不是与生俱来就能自觉地意识到并发展各种人性的因素；很多本能的道德伦理因素，都是被压制、被遮蔽的，需要通过人文教育来打破各种人为的遮蔽，使人具备对自己的行为、生命和价值能够主动把握、独立负责并自觉施与社会交际的能力。譬如，人都有喜欢和恐惧的本能，这不需要教育和灌输，但是把这两种感情因素对象化，就变得复杂了。用比喻的方式来说，一个孩子在没有接受教育以前，他无法分辨狗与狼的区别，孩子一般都喜欢小狗，但也可能会喜欢小狼；可是当他接受了教育，告诉他狗是人类的朋友，狼是凶恶的，他以后见到"狼"的意象就会产生恐惧或者厌恶的感情。这种恐惧或厌恶狼的自觉是被教育的，以后他还可能进一步把"狼"与凶残、贪婪等人性概念联系在一起，甚至与"坏人"联系在一起，使人的恐惧和厌恶的内涵越来越丰富了。"人恐惧厌恶狼"并不是一种"知识"，也不是从学校里接受教育才知道的，而是在从小开始接受的儿童故事、民间传说等等教育中逐渐获得的。这些教育唤起了受教育者本能的恐惧自觉，同时这里面也包含了正义的教育，善恶的教育，甚至有某种自我牺牲的教育。这就是人文教育。然而人文教育也是可以被颠覆的，如动画片《喜洋洋和灰太狼》里的狼，就不会让人产生恐惧感，相反，会对狼的形象产生同情。所以人文教育是一种非常复杂的教育，受教育者不同的生命体验，也会导致不一样的自觉。这就是人的多样性和复杂性。人文教育不是灌输知识，而在于启发和培养人的自觉，与知识教育是两种不同的教育机制。知识教育应该在学校里完成，而人文教育（文学教育）则可以通过自我感悟、名师指点、阅读经典、人生体验等多方面的途径来获得，当然，如果在我们学校里设有完整的人文教育机制，则受益者就会更多更广泛，整个国民素质的提高也更有保障。

文学教育是人文教育的最初阶段，最贴近生命的原初形态，也最富有感性的力量。当人们还没有形成完整的世界观、人生观和价值观，没有达到从哲学层面思考人生的高度的时候，他已经从文学的层面感受到生命的各种体验和对人生的各种认识，具备了丰富的感情世界。一个生命意识强烈的人，人文体验深刻的人，具有非凡想象力的人，未必就接受过完整的知识体系的教育，但是他对人文方面的感受能力可能超过那些高学历低情商、感情枯燥、面目可憎、乏善可陈的人。因此，文学教育也可以说是人文教育的基础（我们暂不涉及艺术教育。其实艺术教育也是人文教育的一个组成部分，且比文学教育更加基础。完整的人文教育应该是阶梯型的教育体系）。大学中文系本身就担负了文学教育的义务，除了培养专业方面的研究人才以外，进行文学审美教育，提高学生的审美能力，并且通过文学阅读来提高学生理解人生社会、历史现象的能力，以及通过文学写作实践来培养更多的文学人才，都是中文系的教育任务和培养目标。尤其在今天，大学教育越来越趋向大众化（非精英化）和实用性（非专业性），大多数的学生将在本科毕业后从事社会上各行各业的工作，只有少数人才会继续从事专业研究。因此，从教育的功能来说，也许培养健全而美好的人格比给予高深的专业知识更为重要。这种情况下，文学教育的地位就明显地凸现出来。大学的文学教育可以由如下三部分组成：一是中文系以普及文学知识、提高文学审美能力为主要目标的专业文学课程，如文学作品选读、文学史以及各类文学选修课；二是文学写作实践，如古典诗词欣赏与实践课程、文学评论和文本细读、作品研讨、业余创作的指导、也包括MFA专业课程；三是面对全校学生的通识教育课程。

刘：您一方面在专业方面取得了很大成就，另一方面，也一直和文学现场保持了密切的互动关系。能否请您谈谈您在这些方面的思路和经验？还有，您是如何处理二者之间的关系的？

陈：我个人的追求，是出于这样一种观念：学习现代文学的人的学术活动，是受制于这个专业的学科特点的。古代文学有二千多年的历史，现代文学从晚清算起，到今天也不过一百年出头，历史并不长久，内涵也不复杂，但即使如此，现在许多高校还把现代文学、当代文学、台港澳文学、少数民族文学分成好几个单元，把一个原本内涵就狭隘的学科弄得四分五裂，这样怎么可能培养出真正的学术人才呢？就算把这些分裂的小支流统统综合起来，也不能与古代文学相比。为此，有些从事现代文学研究的学者，为了强调学科的学术性，也像研究古代文学一样去研究现代文学，经典化啊，编年谱啊，考证一些佚文啊。我不是说这些工作不该做，它们当然是非常有意义的，但是这些并不是我们这个学科最重要的部分。我觉得现代文学（包括当代文学）与古代文学学科的根本不同之处就在于，前者不是一个封闭性的学科，它没有时间的下限，也就是说，现代文学虽然历史不长，但是它是一门与未来的文学发展紧密关联的学科。

我读书的时候，现代文学的历史只有六十年，而现在将近一百年了，以后还要发展下去，这些都是我们这个学科研究的对象。在这个意义上说，我们的研究工作不能像研究古代文学那样钻故纸堆。研究现代文学的人必须走向社会、认识社会，把未来的意识与文学史结合起来。我在二十多年前写《中国新文学整体观》时谈过一个现象：未来文学中出现任何一个新的文学实践，都可能改变我们对整个文学史的既定看法。譬如1980年代对西方现代主义思潮的引进和再认识，导致我们对现代文学史上的"新感觉派""现代派"进行重新评价；1990年代，上海经济起飞，引起了人们对1930年代老上海的怀旧热，以及对"海派"文学和张爱玲创作的追捧；张炜、莫言、张承志等一大批作家走向民间的写作立场，又引起了我们对文学史上沈从文、萧红等持民间立场的作家的进一步关注；新世纪以来，旧体诗词、网络文学、类型小说以及科幻动漫等创作现象的泛滥，又激起了对文学史上"雅俗鸿沟"的再讨论，等等，我们的文学史就是处于不断地重新认识、重新鉴定的过程中，这也是当年"重写文学史"的基本出发点。要想现代文学有个"定论"的文学史，选出一批不能动摇其地位的"经典"，大约都是靠不住的，时间，未来，社会走向，都会改变我们今天的文学史观念。所以在当下，我们现代文学研究者的身份是双重的，现代文学（包括当代文学）既是我们的研究对象，同时我们在面对它们做研究时，本身又是属于对象的一部分。换句话说，在现代文学走向未来的发展过程中，我们也属于我们研究对象的一部分。所以我经常对中文系学生说：我们属于现代文学传统的一部分，如果现代文学传统是一道长长的河流，我们都是河底下的石子，传统之流将在我们身上淹没而过，又带走我们丰富的生命信息。

在这个意义上说，大学的文学教育不是一项与当下文学发展无关的知识教育，而是当下文学的一个组成部分。反过来，现代文学的发展与大学的文学教育也是分不开的，"五四"时期的学生文艺社团，1930年代"京派""海派"的校园文艺运动，抗战时期重庆和昆明的学生诗社，"文革"后的"伤痕文学"思潮，作家进入校园推动文学教育，以学院为背景的文学批评，等等，都是现当代文学的一部分，无法剥离。你指的与"文学现场"保持密切关系，大约可以在这个学科背景下得到充分的理解。我们的文学批评、文学研究和文学活动，本身就是当下文学的一个组成部分，是当代文学所发出的声音。

但同时还有另外一个问题。文学教育也包含了文学史的传承功能。中国是个历史悠久、灾难深重的国家，古代中国没有专门研究文学的机构（文学史研究是近百年才兴起的西方学科观念），但是两千多年的优秀文学传统还是保存下来了，它主要的保存渠道不是靠市场运作，而是靠教育体系。中国历朝历代都有完整的教育制度和教育体系，而文艺属于古代经学教育的一部分（如《诗经》），在经史子集的学术分类中，占有了很大的比重。中国没有强大的宗教传统，如果再没有这样一个极为强大的教育传统在运作的话，很难想象古代文学能够保存下来。其次才是通过历代文化经济环境流传于社会的各类文学作品，那主要是指相对通俗的文学类型，如词曲、戏曲、话本、小说等等。现代教育制度建立以后，中文一级学科就成为本民族语言文学的根本之学，也是承载中华文化传统源流的重要教育机构。因此，中文系对文学教育的忽视、轻视都是错误的。

刘：您从事文学教育和文学研究已有三十多年，这里面最重要的经验和教训是什么？与20世纪八九十年代相比，您觉得新世纪以来大学的文学教育有何变化？哪些方面与以前相比有进步，哪些方面相比之下又会显得有些不足？

陈：我在复旦大学工作三十年，也从教了三十年。我的教育生涯里，从未把中文教育看成是与社会脱离、与时代脱离的纯粹的学院知识教育，也从未把文学教育、人文教育和知识教育分割开来，甚至也没有把大学教育工作与一个知识分子对自己使命的履行和实践区分开来，一切都是在自觉的实践过程中探索着进步。所以，文学教育也只是我的工作实践的一部分，并非全部，也无所谓经验教训。我只是觉得，搞好中文教育一定要包含文学教育而不是排斥文学教育。可以说，80%的学生考入中文系，都是有一点文学梦、作家梦的，不要轻易把学生的梦想扑灭。虽然学术教育、知识教育是大学教育的主要任务，但是学生有一点文学兴趣、创作才华，绝不是坏事。其次是要鼓励学生积极参与各类创作活动，包括壁报、系刊、业余话剧、诗社等等，鼓励学生有广泛的兴趣爱好。所以我很支持作家进校园，如果我们的知名作家都经常在校园里走走，即使不上课，能够让同学们在教室里、操场上、甚至食堂里经常见到，也是一道非常靓丽的风景。

新世纪以来，大学的文学教育显然越来越受重视，那种莫名其妙地鄙薄作家的学院派的傲慢，现在越来越少了。过去学界流传西南联大时刘文典瞧不起沈从文的故事，现在大约不会再出现了。记得1990年代初，我请王安忆来复旦上课，那时候王安忆很年轻，她坚持要开一门正式课程，我与当时的系主任陈允吉商量，陈允吉就为王安忆设计了一门当代小说的选修课，还特意给王安忆颁发了这门课的教授聘书。结果，王安忆上课引起系里很多老师的反对，觉得作家可以来大学开讲座，但开一门正式的课则不行。但是王安忆这门课上得非常棒，不仅选修者很多，而且课堂讲义由复旦大学出版社出版后也大受欢迎。事实证明，作家上大学讲台是完全可能的，当然也要看上什么课。到了新世纪，王安忆被正式引进复旦大学，成为二级教授，学校还专门为王安忆建立了"当代文学创作和批评中心"的平台，并且为她设计了全国第一个文学写作硕士点和MFA专业硕士点，都完全是量体裁衣、根据作家特点来设计的。同时，学校也根据国际惯例，把MFA专业硕士点视为文学写作的最后学历，不再设立博士点，这样就把文学教育与大学教育体系联系起来。我认为这是恰到好处的。

在西方社会（尤其是美国），大学校园里的作家教授是很普遍的现象，文学教育也是很普遍的现象；在中国，则刚开始获得普遍认可。我觉得这是好事，学院与社会的关系会越来越紧密起来，而且这种紧密关系不是建筑在金钱、利益和权力之上，而是建筑在文学想象、审美想象的共同空间之上——文学会使校园变得更加美好。

访谈时间：2013年6月28日

初刊2013年7月19日《文艺报》，原题为《文学会使校园变得更美好——大学文学教育对话》

让自我超越自由与无用
——答朱朋朋[①]

一、学术作为一种"志业"?

朱朋朋（以下简称朱）：陈老师，您觉得对青年学者来说，当今的大学是不是门槛越来越高呢？之前我们听过，复旦人文学科的博士学姐在国内读了两个博士后之后，面试复旦大学的讲师仍然被拒。您怎么看待这个问题呢？

陈思和（以下简称陈）：这个道理其实很简单——不是每个人都适合做大学的老师。首先，做老师要具备一些基本素养，比如（不针对任何人说），一个自私的人，不应该留在大学做老师。在高校做老师，必须为学生全心全意付出。自私的人也许可以成为一个很好的作家、诗人，但是不能成为大学老师。大学里的教学和工作不需要你写作，需要的是你的奉献精神。大学是一个与年轻学生打交道的地方，一代一代的学生通

---

① 朱朋朋，时为复旦大学中文系研究生。

过学校走上社会，得以成长，老师则要守在原地，并且要有一种人格力量——让学生从你身边走过，从你的课堂走过，这个学生就会变得不一样；课程的内容他可能忘记了，但是这样一个烙印留了下来。这就是做老师的能力，做老师的魅力。

如果一个老师很猥琐，天天在课堂上算股票，算工资，算待遇，每天只是考虑自己所处的困境，嘟嘟囔囔地向学生述说自己的牢骚，把负能量传达给学生，这样的老师就不是一个合格的老师。每个人都有自己生活上的困境，但作为一个老师，在课堂上必须要用最好的知识去教育学生，最好的人格去引领学生。这就是一种素质。没有这种素质，还是不要留在高校。我认为是这样的。

其次，我要说的才是复旦人文学科的这个博士。我想问的是，她有没有适当地表现自己的才华？有没有写出一流的文章？有没有发现具有学术价值的成果？有没有足以引起同行关注的研究？如果有，那我想所有的高校都会来找你；否则，即使你学位证明拿得多，那只是证明了你的学历。当然学术价值的衡量是一件很复杂的事情，很多学者学问很好，但是没有论文和项目。如果有学校信任这些学者，他们也是可以得到认可的。也有很多人文学者大器晚成，到很晚的年纪才突然发现重大成果。但这是个别现象。

朱：作为复旦的老师，您又是如何看待复旦学生对于学术研究的选择呢？结合刚刚那个问题，您有没有什么话要对想要从事学术研究的学生说呢？

陈：学术研究永远是少数人从事的一个职业。从事学术研究的学者是一个精英群体，这对所有学科都一样。健全的社会是不需要80%的人去学人文学科的，更不需要80%的人去做精英。优秀而有人格力量的人，为人文领域提供智慧的人，是社会的少数。所以，一个能够在某个学术领域独立从事学术研究的学者，需要十年，甚至更长的时间去培养。如果你选择了从事学术研究，你就要有为学术牺牲生活享受的精神，很有可能你人生的三分之一或者更多，都要献给学习和工作。所以从你个人来说，你要想清楚，自己是否适合、是否喜欢、是否愿意，用自己人生这么多的时间和精力去献给学术。这本身不是一件轻松的事情，它意味着你要付出很多很多代价。有的人希望早点谈恋爱、结婚、生子，过常态的生活，那么很有可能就达不到这个高度。我过去看过一部外国电影《红菱艳》，也就是红舞鞋的意思，表现一个女舞蹈演员一辈子在舞台上跳芭蕾，后来她想过正常人的婚姻生活，脱下舞鞋，可是她已经脱不下来了，最终跳舞跳死在舞台上。我读大学时看了这部电影之后，一生都记住了这个电影镜头。从事学术的人也就像套上了一双红舞鞋，你一辈子都脱不下来了。

在我看来，不需要那么多人来为学术做出牺牲。大多数人完全可以按照正常的生活规则，去好好地生活，只有这样才会使这个社会变得温润有序。国外有很多技术高校，学校培养学生的专门的劳动技术和工作能力，学生毕业之后就可以进入社会的某一个领域去为社会服务，去回报社会，同时也可以拿到工资，养活自己。我认为这样是一个良性的循环。

目前的现状是，学位和很多特权、利润挂钩，变得很不纯粹，比如走入职业岗位之后，本来与学术完全无关的升职、升官，一些非沪籍学生留沪的户口问题，等等，纷纷和学位挂起钩来。这些利益上的勾连，导致大家对学位趋之若鹜，读博士、做博士后的人也越来越多，但未必都是为了研究学术。这样反而会导致很多问题。很多学生获得了高学位，无法匹配相应的工作，造成心里不平衡，也会造成大量人力资源的浪费。这个在制度上是需要改变的。高校学位制度最终目标是学术研究，是要培养学术领域的高端研究人才或者教学人才。与学位挂钩的这些利益，与高校的最终培养目的是无关的。

所以我觉得，培养真正的学术研究的人才可以少一些。这些人是怎样的人呢？他们是愿意为了学术奉献自己，他们有学术研究的才能，有学术情怀，有高度的服务精神和高尚的人格力量。这样的人，国家应该去支持，去培养。

朱：现在我们学生中也存在一个很普遍的现象：大家做好了自己的规划，认为自己将来不会从事学术研究，而是要走向社会的各个工作岗位，他们会在本科学习的时候就去接触社会，去尝试实习和工作。这样是不是也是一个好的选择呢？

陈：对，应该是这样，这也符合现在高校实行通识教育、"宽口径"培养人才的方针。我刚才已经说了，完全没有必要要求我们所有的学生都从事学术研究，都去读硕士、读博士。有些学生选择其他领域发展自己，反而会做得更好。如果你要在大学里当教师、做研究，那你必须要攻读博士学位。但是如果你要做一个作家，我认为读到 MFA 就很好了，更重要的是你要去深入生活、感悟社会，才能更好地创作。没有人会以博士学位作为衡量作家好坏的标准，没这个道理。其他社会岗位都是这样。

所以我想说，每个同学都要自己选择好自己的人生道路。

怎么样走会走得更好，会使自己更幸福，更开心，那你就选择这条道路。

二、迷人的自由与无用——指向何处？

朱：说到人生道路的选择，我记得您上课时曾经说过，大学培养的是学生的人文精神。我们是13级的本科生，今年就要毕业，大家即将面临各种不同的人生之路。我的理解是，对于我们来说，大部分人可能不会留在复旦继续读书，不论选择哪一条路，复旦所培养的人文精神会一以贯之，作为一种精神财富会保留下来。您觉得"人文精神"对于我们来说，意味着什么呢？

陈：人文精神，就是人的精神。那么人之所以为人，是因为我们有做人的底线。这个精神对我们来说，意味着我们需要用自己的一生去遵守、去奉行，不能逾越和突破。人文精神的意思就是让你成为一个符合理性的人，要求你做最心安理得的人。

朱：陈老师，那您可以具体地谈一谈为什么您如此强调学生的人文精神吗？您觉得这个"人文精神"，跟我们所讲的"自由与无用"是一样的吗？

陈："自由而无用"，复旦学生中间确实流传这种说法，我也不知道从什么时候开始流行起来。这个词听起来当然是很迷人的，让人向往，虽然我觉得这个"自由"和"无用"，不是在一个范畴里面讨论的问题。

从我个人来说，"自由而无用"是针对某些社会功利主义倾向而言的，譬如，针对某一个学科，尤其是针对人文学科来说，从社会实用的角度看，肯定不像经济、金融那么可能带来财富的保障。像复旦的人文学科，实力是比较强的，但是人文学科追求什么呢？我们常常记住校歌里的两句话："学术独立，思想自由，政罗教网无羁绊"。那么这样的追求，用金钱是难以衡量的。这就是所谓的"自由而无用"吧？人文学科的追求，本身是远离功利性的。

那么我们回归到人文学科的教育上，人文学科最终的宗旨是什么？

我认为人文学科是高校当中最重要、最核心的一个学科，它应该处于一个领导学科的地位。任何高校，不管是医科大学，还是工科大学，人文学科都要居于领导学科地位。这个领导，就是对"人"的关心。一个学校关心的问题应该是，大学要培养什么精神面貌的大学生？而这个问题必须要从人文学科进入，因为人文学科担负着人文教育的责任，担负着教育、培养什么样的未来一代的责任。

我们应当让所有从大学里出来的人都知道：自己怎样做，才能实现高尚的人格。这对一个人来说是最重要的。一个学生在大学里所培养的人格，与以后的学业、将来的事业、未来的人生都有根本性的关系。然而，我们现在的社会情况是，读书所获得的的学位越高，到达的社会层次越高，那么竞争力必然越大。如果一个人没有人文精神、没有人文情怀作引导，在这样一个唯利是图的、激烈竞争的阶段，他会怎么做呢？他也许就会丧失做人的基本底线。尤其是在中国当今的背景之下，整个中国从计划经济开始转型，现在商品、资本、金钱、欲望等各种各样的因素都在社会上爆发出来,有正面作用也有负面作用。这个转型阶段没有现成的人生教条可以遵循。邓小平说,我们是在"摸着石头过河"。就是说,一不小心就会掉到河里去。如果没有人文精神,人就不可能成为一个高尚的人,甚至不会成为一个合格的人。现在很多贪官落马,成为大时代的牺牲品。这样的人未必没有高学历,但是他们没有人文精神作为支撑,该拒绝的时候不知拒绝,不该做的事情偏偏去做,就会成为时代的牺牲品。所以我觉得,人文教育不会给人带来利益,但是会保证你的底线,让你不会丧失做人的原则。我理解的"自由而无用",大概是这个道理。

朱:那您觉得人文学科应该怎么进行这种人文精神的培养呢?

陈:人文学科有两种概念,这个我一直在进行强调。一种是知识性教育,比如说,我们上文学史课、语言课,讲的都是一些基本的知识;还有一种就是人文性的教育。人文教育是要唤起你做人的自觉,让你知道应该怎么做人。这是人文教育必须要包含的。我认为,人文教育的目的,是为了把人的内心世界变得丰富起来,对人多理解一点。当一个人的感情世界变丰富了,他就会对这个世界有更大的理解,对身边的人产生更大的同情。这样,这个人就会与众不同。别人都会为一些小事所烦恼,他不会,他会超越这些繁琐的事情,因为他想的问题更大。

人文教育是一种培养,但不是知识的传授。知识性的教育,学生如果不懂,老师教给学生,再加以死记硬背,就可以获得,但是人文性的教育不是这么简单。举一个例子,我们在文学课堂上讲鲁迅，不是要求你背诵鲁迅的生卒年月，记鲁迅写了几本书，说了哪些话，而是让你从阅读鲁迅的作品中，看到鲁迅是一个活生生的人，是我们的榜样。我们从鲁迅身上学到的，是对自我的反思，是他的怀疑和批判精神。为什么鲁迅在中国文学中的地位这么高？为什么鲁迅可以成为"五四"新文化的旗帜？如果你真正理解了这些问题，那么你就不一样了。

朱：我的理解是，就我们中文系的人来说，应该多从文学作品的阅读中去汲取一些精神养分。

陈：对啊，要多从高尚的文学作品中去学习伟大的精神。"文学是人学"。所有的文学作品都是描写人的，文学作品通过写人，让你认识了这个世界上有各种各样的人，他们有各式各样的心理状态，千奇百怪的人生境遇。通过对这些人物的理解，对文学作品的解读，你就对这个世界拥有了比较全面的认识。

从文学作品中学习，我觉得有一点需要强调：你们要对人、对自我有充分的理解，也即我们所说的"人道主义"。人道主义最基本的东西，就是人身上流露出来的是发自人性深处的感情因素，是合理的东西。如果从这个角度去观看的话，你就会对世界上很多问题都有一种更加宽容的态度。这也就是我们所说的"人文精神"的内涵。

三、每个人一定要有自我

朱：陈老师，您说到"人道主义"，说到我们应该对自我有充分的理解，但很多时候，自我和外在难免会有很多冲突，这个时候就会对自我产生怀疑，会产生焦虑。对于很多即将走上社会的复旦学生来说，直面生存的压力，会有很多真实的焦虑：例如当代中国的房价问题，或者说阶层固化问题——现在社会上很多的舆论导向是：中国当今房价高不可攀，对年轻一代来说面临生存危机；中国社会财富分配已经完成，阶层上升渠道日渐关闭等等。总之就是，中国社会的问题已经到了很严重的地步。您对这种言论是怎么看的呢？

陈：我觉得你所说的这种言论存在问题。首先，这是一种意识形态的舆论诱导，并不是真实存在的情况。说到房价：第一，不只是年轻一代买不起房子，人人都买不起房子，我也买不起；第二，买房不是生存危机，并不是买不起房就活不了了。这只能说是人为制造的生存危机。这个社会的舆论导向是：年轻人第一件事必须是买房，不买房就没法结婚成家，没办法在社会生存。但是真的是这样吗？放在我们那个年代，过去的年轻人极少数家里有房子的，都是祖孙三代住在一起，照样结婚生子，成家立业。我当时的住房情况算比较好的，有一个独立的房间，这个房子是我外祖母、外祖父传下来的。但是一般情况下，大多数都是祖孙三代住一间房子，我们那个时代的年轻人不结婚吗？我们有没有生存危机呢？放在国外，也不是人人都有房子。美国人也有很多都是装修老房子、租房子来住。日本青年人结婚买房，也是终生背债的。

我们的年轻一代所面临的焦虑，很多都是社会舆论制造的。这个社会舆论背后就有意识形态作祟——资本的意识形态。资本无孔不入，制造了你不买房就无以生存的舆论，然后就不断涨价获取暴利。资本的意识形态把最高的生活享受欲望与最实际的生活境遇糅合在一起。整个社会和整个意识形态，整个广告、电视、新媒体，都在不断宣传：你的生活必须要达到某个标准，必须买什么车住什么房，似乎人人都应该按照这个标准去生活，才是这个社会认可的成功。这种舆论导向逐渐深入人心，让社会上大多数人觉得自己怎么活着都不自在——因为达不到社会所规定的这种标准。这种感觉的最低层面就是让你不断换新一代的 IPHONE 手机，制造一种你永远也赶不上时尚的焦虑感。

从资本的立场看，就是需要每个人都为资本制定的更高的生活标准去努力。举一个例子，1980 年代我到日本时，日本就处于这样的生存环境。一个日本朋友在与我差不多的年龄买了房子结婚。那位朋友告诉我，结婚就是背债，这个债务要三十年来还清。所以他要用尽一辈子为这个房子还债，要唯唯诺诺、忍气吞声地做好一份工作，做完一份工作之后还要去再打另外一份工。不敢失去工作，更没有自由。为什么？因为他要养家，要还贷。当时日本的年轻一代所处的市场环境就已经很完善，市场提供各种各样的借贷，从最小的生活物品到汽车房子。但资本运作驱使下的社会舆论，必定会指向更高的生活标准——每个人都要买汽车，没有汽车你就不是一个成功人士。实际上，从生活需求来看，并不是每个家庭都需要汽车，我们的生存空间也容纳不下这么多汽车，过多的汽车反而会造成交通拥堵、环境污染等各种社会问题。但是现在的情况怎么样？北京为了控制交通堵塞，实行汽车单双号运行，但是很多人家却有对策，干脆买两辆车，还是每天都开车，表面上看人们在对付交通管理政策，其背后就是资本的强大力量——它强大到连控制它的政策都能够为它带来更多利润。

所以，现有流行的社会生活标准，是被隐藏在社会舆论背后的整个资本环境和资本推销所控制的——一个人不买车就很寒碜，意味着你就是一个失败人。即使你不需要车，即使街上堵车特别严重，你还是必须去买车，因为这是一个社会标准。买不起怎么办？结果就是银行贷款。所有额外的物质需求都附加到你的身上，也给了你无数的贷款。贷款把你束缚在现有的工作岗位上，二十年、三十年、甚至一辈子。这就是为什么资本主义社会结构超级稳定，都来自于这里。所以资本控制下的人一定是安定的，所有人都被束缚在自己的工作中，束缚在极小的一个格子间里。一旦失去工作，就失去了一切。这就是资本控制人所产生的一个问题。

但是，你要做"自由而无用"的人，是不能这样生活的。这样生活，你就彻底告别了自由自在。

朱：陈老师说的这些话，确实让我们反思自己。作为年轻一代，很轻易会被时代的舆论所席卷，失去自我。陈老师认为，在这样的资本环境所推销的舆论环境下，年轻一代应该怎样调整自己的心态呢？

陈：我的想法是，每个人一定要有自我，有自己的知识力量。我承认这个社会确实存在问题，我也不为既成的事实辩护，但是，作为一个个人，要有自我，不能被社会舆论牵着鼻子走。作为一个年轻人，走上社会要相信自我，相信自己可以创造属于自己的世界。社会形势风云变化，动荡万千。在1950时代，知青"上山下乡"，学生不能读书，去黑龙江、安徽农村去种地，每天只有七分钱。这是对青年人的一种摧残，非常残酷。但是全国知识青年都上山下乡，有些是被迫的，但是大多数都是自愿的，为什么？就是社会舆论制造了一种势，让你觉得非去不可。这就像现在大家一窝蜂去买汽车，认为不买车就是失败者一样。时代的潮流总是变化的。但是，"上山下乡"高潮的时候，我就没有去农村，我就自己埋头自学数理化，到图书馆去看书；就像现在大家都去买汽车，我就不买，生活同样可以继续。

一个人要有这种独立选择的信心，有来自自我的力量。如果你完全没有自我，就会被身后巨大的资本所吞噬，失去所有的"自由"和"无用"。

朱：我们还想问陈老师一个很私人的问题：您怎么会走到这样一个相对来说比较成功的地步？

陈：这个问题，我可以直接地回答——就是因为我不盲从社会舆论。这是我从自己的生活中总结出来的。1990年代初的时候，中国一穷二白，学校青年教师待遇都很差，很多青年老师（包括我的同学）几乎都离开了学校，有的下海经商，有的出国打拼。我当时距离出国也就一步之遥，但是我留下来了，因为我喜欢自己的工作，也不羡慕别人出国或者赚大钱。

人的一生会经历了各种时代变化和历史事件，每个时代的走向都不一致，每个历史事件也都会改变个人生命的轨迹，但是只要你不盲从，就能走到自己的高度。

每个人都有一辈子的时间，一晃都会过去。我选择了自己喜欢的东西，用一辈子去研究、去学习。将来你们走上社会也是一样的，要找到自己内心认为最重要的东西，去爱护，去坚守。外在的名誉、地位甚至财富，都是过眼烟云，都是顺水推舟，有缘了也不要拒绝，无缘也不要感到痛苦。

　　初刊 2016 年 12 月 27 日微信公众号《既 2 又 38》

第五辑

关于"火凤凰",我还要说什么
——答王文祺[①]

王文祺(以下简称王):三年以前,由你和李辉先生共同策划的"火凤凰文库"在沪上读书界引起较大反响时,我也选购了其中的几本书,但绝没有想到"火凤凰文库"这么几个字会产生那么大的影响,当时这类"XX丛书"的招牌很多,多半是与书的本身价值无关的。后来又读到你与王晓明策划的"火凤凰新批评文丛",开始感到问题并不那么简单。"火凤凰"三个字似乎从一开始就在有意地制造某种品牌效应,如果我没有猜错的话,你在酝酿以"火凤凰"命名的丛书策划时,就有了明确的系统出版工程的战略设想。现在已经有了三套"火凤凰"图书系列:"火凤凰新批评文丛"出了十二种(最后三种已编就待出);"火凤凰文库"出了二十六种;还有一套"火凤凰青少年文库",已经出了第一辑四十八种。如果再配上与它相关的姐妹书系"逼近世纪末小说选"系列的话,大约有近百

---

① 王文祺,时为《南方文坛》特约记者。

种图书推向市场，这在当代出版界可以说是成绩斐然。对此，你能否谈谈发展"火凤凰"事业的想法？对不起，我用了"发展事业"而不用"编辑图书"来表达对"火凤凰"的理解。

陈思和（以下简称陈）：对于"火凤凰"，我还要说些什么？所有的理想和实践都体现在这三年出版的各类图书中，你可以把"火凤凰"称作一个"事业"，但它决不是我个人的事业，我从未想过我要成为一个出版工作者。编"火凤凰"完全是为了使知识分子的学术研究有一条自身可操作的价值转换渠道，让知识分子的人文理想通过实践在社会转型中有一个立足之地，如此而已。你肯定会想起，三年前，市场经济刚刚冲击出版文化时，一方面是旧意识形态的残余势力僵而不死，一方面是新生的铜臭势力左右了计划经济下的出版机制，使学术著作出版遇到前所未有的困难。许多在大学里工作学习的青年人都对学术前景感到失望，对市场经济下的出版文化机制多有怨言。我当时手里拿了一笔赞助费去找出版社出学术著作，结果也被拒绝，原因很简单，出版社的负责人认为：现在一个书号可以卖上万元，如果出畅销书就赚得更多，你的补贴经费有限，干嘛做傻事？那时上海有许多朋友自动发起"人文精神寻思"的讨论，像那种出版社的负责人也可以说是一个知识分子，但他身上缺少的就是对于知识分子人文承传特征的认识，对这种人你无法去教他怎样"人文精神寻思"，唯一的办法是实践给他看。我始终认为，知识分子的人文精神是一种实践，只有在实践中才能体现、传播真正的人文精神。于是"火凤凰"就成了一种实验性的事业，我们从找赞助补贴出书，到与出版社合作出书，为出版社创名牌，是经过了反复实践才获得的结果。现在证明，严肃读物同样能够适应一部分读者的精神需要，不仅让读者在高层次的精神消费上得到满足，而且对于知识分子的人文精神传播也产生了不小的影响，这样至少可以抵消文化出版市场上流行读物日益消蚀人类精神世界的消极影响。

你要我谈什么"战略设想"，我是没有的。编辑系列图书的想法也是在实践中逐步出现的。我最初的动机很简单，我不相信什么为"大众"的说法。以中国之大，人口之多，从相对的意义上看，根本就不存在"大众""小众"的差别，主要是看你选定了哪一类人作为你的精神对象。我特别反感有些文化事业的决策者以自己的低级趣味来影响和制造精神对象，本来就是一肚子坏水，拿不出高尚的精神产品，然后借口"大众水平有限"，只能享受粗制滥造的东西。这无异于制造罪恶。为什么普通大众就不配享受高尚、健康的文化产品？为什么就不能为知识分子、大中小学生和一切有理想倾向的消费者提供精神产品？我编"火凤凰"系列就是一个宗旨：为知识分子提供人文传统承传的精神渠道，让读者感受到知识、学术、文化遗产究竟是什么样的东西，以及我们如何接受它、消费它、传播它。哪怕这一部分读者只占全部读者的5%，在中国也绝对是一个天文数字。所以我编"火凤凰"是与市场走向逆袭的，最先编的是"火凤凰新批评文丛"，那时没有出版社愿意出版学术著作，特别是个人的论文集。我就特意选出一批青年学者，他们都是大学里刚刚崭露头角的博士生或者青年教师，他们朝气蓬勃，说话无所顾忌，同时又具备了新的知识结构，由他们来批评当代文学，定会给读书界带来一股新风气。后来果然证明是成功的。学林出版社出这套文丛时,起先没有把握,初版印了三千册,结果在新书订货会上一宣传,征订数达到四千多册,后来多次重印。编"火凤凰文库"也是这样。当时流行"软性散文",一些当代名流都学起周作人、林语堂,又缺少周、林辈的丰富学识和讽世勇气,不过是在"消闲""轻松"的幌子下,掩饰其面对现实的怯懦态度。有人对我们提出批评,也是强调"大众"口味,认为你宣扬人文理想的"硬"散文不会有市场。我和李辉刚刚策划那套书的时候,上海远东出版社也没有把握可以获利,责任编辑杨晓敏女士果断地说,她宁愿冒没有利润、被扣奖金、甚至被调离编辑岗位去做校对的风险,也要出一套好书。但后来实践证明了这套书销得很好。所以,"火凤凰"系列只愿意走别人没有走过的道路,这是我的编辑"战略思想",也可以说是我的宗旨。

王: 说实在的,在经济体制的转轨过程中,出版界为繁荣图书市场作出了不懈的努力,但学术类书籍出版举步维艰也是不争的事实。你作为一个学者走出书斋,实践出版工作,一定会有许多书斋里体会不到的甘苦。我想听听你在这方面的体会。同时我也想知道,随着"火凤凰"这种品牌在出版领域的确立,你还有什么进一步发展"火凤凰"事业的打算?

陈: 我早说过,我的第一岗位是教育,这也同样是一种实践知识分子理想的渠道;其次是学术,可以通过个人的学术研究工作来完成;再次是出版,因为出版工作与文化市场联系在一起,就比较复杂,说起其中甘苦也是一言难尽,各种压力都是你闻所未闻的(我现在还不想多说,将来有机会我可以写一组关于"火凤凰"的回忆文章来保留这些资料)。至于进一步的打算也是有一些，但要说明的是，我编"火凤凰"系列只是为了证明知识分子社会实践的可能性，当出版风气有所好转，我就打算激流勇退。现在有许多出版社都愿意为学术著作的出版作努力，如上海文艺出版社和山东友谊出版社出版的"逼近世纪末"系列，广西教育出版社即将推出的有关20世纪文学研究的大型书系等，都体现了与"火凤凰"相一致的精神。我不愿意"火凤凰"品牌出得太滥，所以近日正打算将"火凤凰新批评文丛"及"火凤凰文库"暂停一个阶段，同时全力开发另外两个"火凤凰"系列：一是海南出版社的"火凤凰青少年文库"，主要想为青少年读者提供一套优良的课外读物；二是复旦大学出版社即将推出的"火凤凰学术遗产丛书"，专门出版已故学者身后留下的真正的学术性研究著作。本来两套"火凤凰"系列，是青年学人的批评文集和中老年知识分子的纪实体散文，现在这样，就使"火凤凰"成为一个系列，让各个年龄层次的读者和作者都参与进来。

王：我在春节前做过一个有关青少年读物的调查报道，也注意到"火凤凰青少年文库"，这套书发行量已超过一万五千套，但在许多大城市里还是看不到。你能否谈谈编这套书的动机？

陈：不知你有没有读过《北京文学》上发表的关于"中学语文教学状况"的文章。现在中学教育方面的情况就是这样的糟糕，不合理的考试制度对中学生的束缚已经到了不能不大声呼救的地步。对这种教学状况我是深以为忧，曾有一次请教著名特级语文教师于漪老师，她说了一句话对我很有启发，她说：把文学作品仅仅作为语文教材是不够的，中学生的许多想象力就是靠着文学艺术才激发起来的。是啊,读文学作品,当然应该弄清楚语词的含义和文法的规律,但更应该是通过阅读文学,获得一种美的感受,不仅是语言艺术的美感,还有透过语言艺术获得人类几千年来代代相传的美好心灵、美好感情的特殊感受。这是靠心灵对心灵的呼唤,靠感情对感情的激发,靠智慧对智慧的启迪,决不是简单的几句概念和几条定律所能传授的。我想起自己的成长经历,在失学的年代里唯一能照亮我心灵的就是靠阅读大量中国的、外国的、古代的、现代的文学作品。我今天能够成为一名大学教授,不能不对滋养我心灵成长的文学作品怀有深深的感激。正是怀了这样的动机,我用"火凤凰"名牌给青少年编了这套丛书。这套大型丛书,共有八辑,包括《传统文化浅说》《古典小说漫游》《唐宋诗词赏析》《现代文学导读》《少年小说译丛》《知识就是力量》《开拓心灵世界》和请当代作家撰写的《做你的好朋友》,应该说是包罗万象的"小百科"式的读物。我是想为中学生提供一个小小图书馆,它应该是包含人文学科、自然科学和业余兴趣、知识修养等各方面的内容。从青少年的全面成长角度说,无论如何都应该给孩子一些自由空间,让他们有时间和条件面对自己的心灵世界,来逐渐认识它和丰富它。这套"火凤凰青少年文库",就是想做这个尝试——替孩子们争取一点课外阅读时间和提供一个小小的阅读空间,让孩子存放自己的感情和心灵。我对这套丛书的设计很简单:一是请有成就的专家学者为青少年编写普及读物,把我国的优秀文化遗产陆续介绍给青少年读者;二是为青少年读者提供一批有价值、可以经常放在书架上和床头边,像一个好朋友一样随时可以交流心灵的读物,外国有一类图书叫作"家庭常备读物"——都是一些好的文学作品,尤其是少年读的小说——意思是说,这类作品可以让家庭里的一代代成员读下去,父母读过的书,还可以保留给孩子读,再留给孙子读……永远不会过时。我把这套书取名为"青少年文库",也就是这个意思。这里还有一点私心,就是希望通过这套书让青少年读者记住"火凤凰"的品牌,为"火凤凰"系列培养未来读者。

王:这套"青少年文库"是由海南出版社推出的,以前两套系列则是分别由上海学林出版社和上海远东出版社出版,接下去一套是在复旦大学出版社。我还想冒昧问一下,为什么要与各家出版社合作出书,而不像其他品牌书那样挂在一家出版社上?

陈:与哪一家出版社合作是无关紧要的,因为"火凤凰"与"布老虎"等丛书的性质还有些不同,它走的是一条艰辛路,不但没有什么太大的经济效应,有时还会受到些压力;它主要是体现了当代知识分子理想的尝试性实践,所以不能只挂靠在一家出版社。再说,我也希望知识分子的人文理想通过民间渠道的普及,由各家出版社一起来传播。说到底,知识分子的人文理想的实践,是一种知识分子群体性的行为,不可能由一两个人、一两家出版社单独来完成。对于"火凤凰"的出版实践的成功,我对几位出版界的朋友是非常感激的。

王:还是让我们回到"出版品牌"这个话题上来。我们所讨论的"出版品牌"不是什么人文社、百花社、远东社、长江社、春风社等等,而是"火凤凰""布老虎""跨世纪"等等。我以为"出版品牌"这个概念目前还没有被出版界广泛地接受，但随着出版标识的介入，图书市场将会出现一种新的销售倾向。"出版品牌"也是一种名分，标志着读者的信任度。现在单部头的学术著作很容易被淹没在流行读物之中，而品牌出版就不一样。我想起了青年批评家胡河清，他的第一本文学论著也是收入"火凤凰新批评文丛"出版的。设若当时没有"火凤凰"的动议，没有"火凤凰"的品牌效应，胡河清超乎寻常的文学才思可能就只是在文学圈内生辉，而"文丛"却将他的成果推向了社会，让广大文学文艺爱好者都领略了他的斐然文采。

陈：这倒不能这样说，或者应该反过来理解，是胡河清的遗著给这套丛书带来了声誉。我不认识胡河清，但常在刊物上读到他的文章；决定"文丛"时，我通过王晓明向他约稿，不久他就将编好的稿件寄来，选稿极严，并在信中说，他不想请别人给论文集写序，他可以自己写。过了一段时间，他寄来了一篇文章，写得很长，详细回顾了自己的人生和求学道路。我读后有些奇怪，一是觉得文章太长，不适于作序；二是他年纪很轻，不过三十出头，似乎没必要作总结人生道路一类的文字。当时就去信把这些想法说了，并建议他把这篇文章改为附录发表。他没有回信，不久就听说他跳楼自杀了。对于他的非正常死亡我很难过，特别是他没有亲眼看到这部论文集的出版。但"火凤凰新批评文丛"却因此销得很好，可能也包含了广大读者对胡河清的纪念。我做事有时有点迷信，相信"天人合一"之类的缘分。这"天"是指自然之道，做事的规律，这"人"是一种以生命投入其中的缘分。胡河清死了，我把这事件看得很神圣，似乎冥冥之中有一种知识分子殉道的精神在昭示后来者。"火凤凰"借用了"凤凰涅槃"的意象,又有了胡河清的殉道精神,这恐怕就是我想说而说不清楚的一种意义,即"火凤凰"的意义。

初刊《南方文坛》1998年第3期

在出版中贯穿人文精神
——答金理、黄华远[①]

一、现代出版

金理、黄华远（以下简称金、黄）：记得您曾经说过："关于现代文学与现代出版的关系研究，一直是我所关心的题目。"而且，您指导的博士学位论文中也很多以此为选题，比如张涛甫的《〈晨报副刊〉研究》、柳珊的《1910—1920年的〈小说月报〉研究》等。前些时候看到广西教育出版社的一套"现代出版与现代文学研究丛书"也与您有关吗？

陈思和（以下简称陈）：这套书与我没有关系，是北大的钱理群教授主持的。他曾经约了我写"文化生活出版社"，当时我没有时间，不过这个题目很有意思。我确实也作过这方面的系统研究。在读大学时，我曾经写过关于巴金的论文，"文化生活出版社"是巴金的朋友们创办的，当时就写过有关这个

[①] 金理，时为复旦大学中文系本科生，现为复旦大学中文系教授；黄华远，时为复旦大学中文系本科生。

出版社的论文，也发表过。钱理群教授应该是看了这篇论文，所以约我写。当时我没有时间，把这个任务答应下来后，就指导我的博士生写。这册书是这套丛书里第一个交卷的，现在已经出版。另外一本是刘纳写的"泰东图书局"。

金、黄： 早在 1993 年的《复旦学报》上，您就发表过《现代出版与知识分子的人文精神》一文。当时您说，出版工作在 20 世纪初是知识分子实现自身价值的主要渠道，也是知识分子与社会沟通、对话的方式。怎么理解这一看法？

陈： 这样一个工作到今天为止仍然存在着。我觉得编辑、出版是属于知识分子的岗位。人世间有各种各样的工作岗位，比如土地是农民的岗位，医院是医生的岗位。但有一种岗位，它是针对传播精神渠道而言的，譬如教育，是培养读书做人精神的。这样一种工作，不仅仅教师可以做，作家也可以做（作家写小说，也抱着培养人们美好心灵的愿望），其他方面的知识分子同样也可以从事。我把这种工作泛称为"知识分子的岗位"，它不仅仅指某一种职业，在那里领工资，它还承担了另外一种功能，这种功能超越物质利益、生理利益，是一种有关精神追求的功能。我把具有这种功能的职业称为"知识分子的职业"，把具有这种功能的工作称为"知识分子的岗位"。为什么说编辑、出版是这种岗位呢？出版这个行业是 20 世纪初逐渐形成的，它诞生伊始，就与商业利益、市场利润挂钩——通过卖书来赚钱，但同时它又具有了一种传播文化知识的功能。比如商务印书馆，最初是印教科书的，通过教科书的出版逐渐获得丰厚的利润，出版教科书也有传播文化知识的功能，在当时的社会中同样也属于文化启蒙和文化普及。那时在编纂和选用语文、英文、数学等教材时，汇集了一批优秀的知识分子。当商务印书馆赚到钱以后，就不满足于滚动式地不断追求利润了，它将出版工作与中国文化的建设结合起来。后来张元济主持商务印书馆的时候，做了大量文化抢救、整理的工作，出了《东方杂志》等大型刊物后，又逐渐承担起传播文化思想的功能（我们今天仍然在读商务的"汉译世界学术名著丛书"），这种工作已经超越了一般的追求经济利益的层面。像上面这种情况，在20世纪中国文化史上是不可忽视的。我们过去讨论文化的时候，往往只讨论作家、作品，比如思想家写了什么作品，传播了他的什么思想。这就没考虑到文化是一种实践。著书是一方面；把著作送到社会，通过各种渠道传播开去，这也是文化工作。而且良好的出版环境，往往能够刺激知识分子著书立说；没有良好的环境，也可能导致天才夭亡（因为寂寞而放弃自己的专业）。从这个角度讲，文化出版其实是文化工作中非常重要的组成部分。有些编辑、出版家可能没写什么著作，没有什么深刻的思想，但由于他的工作实践，使得知识分子的思想文化传播走向正常。我想这就是知识分子的岗位。

金、黄： 在1993年的那篇文章中，您所关注的是"中国知识分子的人文精神通过出版得以传播"这一命题。在商品经济大潮不断袭来的今天，是否激起了知识分子"返回自身"的冲动？您觉得今天可以回答这个问题了吗？

陈： 现在很难回答。因为中国到1950年代以后，出版就不仅仅是知识分子的工作了，它同时承担了另外许多功能，比如意识形态的宣传等等。在这种情况下，要纯粹来提"知识分子的岗位"，我认为是不准确的。现实环境中的中国出版状况并不好，同时还有市场的冲击，现代传媒的炒作，粗制滥造的流行读物泛滥，都与"出版作为知识分子的岗位"这一性质相违背。从今天来说，因为出版形势的恶劣，更应该提倡和鼓励出版界的知识分子人文精神。

二、传媒批评

金、黄：2000年您在《文汇报》上发表了《传媒批评：一种新的批评话语》。我们觉得它似乎与1993年的《现代出版与知识分子的人文精神》遥相呼应。我们想问的是：您怎么会想到用"传媒批评"四个字来为一种批评命名呢？

陈：近几年来，批评家的批评越来越淡出评论界，同时传媒对图书的评论越来越重要，而且这种重要性主要是通过炒作的方法来实现的。因为传媒本来就具有巨大的社会影响，所以这种批评很快成为当代批评界的主要现象。在这种时候，我觉得有必要分清什么是"学院批评"，什么是"传媒批评"，两种不同的批评方式怎样造成了不同的批评功能。比如传媒批评很大程度上带有市场炒作的成分，在炒作过程中，对图书的功能往往是夸张的，有时候对图书就作出不准确的评论。由于人们对传媒是很相信的，通常就认为这是一种正常的批评活动，但实际上并非如此。我曾经讲过一种炒作方式：原来的图书出版是作家先写作，然后交到出版社，出版社运作出版，最后进入图书市场由读者选择，批评家作为读者将自己的想法反馈给作家；可是现在由于传媒批评的参与，这一运行程序倒了过来，批评家与书商结合，先设定一个他们自认为赚钱的题目，然后去约作家写作。当著作还未出版时，传媒的批评功能已经具备了，已经对一个不存在的著作做出了判断，然后根据批评的内容来引导作家写作，再由出版社出版。出版社出版后给策划者、炒作者带来很大利润，而这些策划者中很多是我们的当代批评家。这里有两种情况存在：一种是批评家通过对图书市场的干预，利用传媒批评的影响来推动真正的学术工作发展与人文精神的普及。我在1990年代初策划过"火凤凰"系列丛书，就是这种情况，许多稿子都是我自己去约。这项工作当然不赚什么钱，但我觉得对挽救当时的学术颓败是有效的。这几年好的学术丛书都是这样推出来的，先策划选题，然后借助传媒的力量，批评的观念已经形成，然后制作作品并进入图书市场；另外一种情况是纯粹地追求经济利益。现在有许多批评家就在图书市场上混来混去，最后知识分子责任感降低，人文精神失落了。所以这是两面的，我提出"传媒批评"这个问题，没有简单地说它是好还是坏，我只是把它作为一种现象加以分析，希望引起大家注意。

金、黄：您说过，在传媒批评中，"特别尴尬的是一些想认真表达自己的学者"，当时举的例子是朱大可。正如您刚才所言，中国当下的出版环境恶劣，在这种情况下，学者有没有两全之策：既有效地表达自己的意见又不放弃知识分子的立场？

陈：当然可以。关键是你必须承受某种牺牲。

金、黄：上面您提到了"火凤凰"系列丛书，"火凤凰"三字是否有深意存焉？

陈：当时编"火凤凰"也是蛮有趣的一件事。1992、1993

年正是市场经济迅猛发展的时候,整个出版界的传统模式受到很大冲击,许多人因为没有心理准备而一筹莫展,有些出版社只追求经济利益。出版比较严肃的学术著作,在那时特别困难,许多青年学者对学术研究的前途非常迷惘。当时我一直想做点实际工作,但是我的出版界的朋友受到经济利益的限制,知道我说的话是对的,应该在出版工作中贯穿人文精神,但没有实际效益就赚不到钱。正在这个时候,我有一个朋友做房地产生意发财了,很得意地来找我,问我有什么事可以帮忙。我跟他说,我个人不需要,但能不能尝试这样一个实验:用这笔钱做一个出版基金来资助学术著作的出版。他答应了,当时给了十万元启动费。拿了这些钱,我策划了第一套"火凤凰新批评文丛",基本上是一本书贴一万块。第一套出了五本,作者都是崭露头角的青年人,我已经看过他们大量发表的优秀论文,所以主动建议他们将论文收集起来编成一个集子(这样我就可以保证质量了)。这套书出来以后的效益非常好,比较成功。当时的中国文化几乎濒临死亡,"火凤凰"这个名字就是取"凤凰涅槃"之意。

三、专栏与专著

金、黄: 您近来在《文艺争鸣》《中国比较文学》《当代作家评论》等期刊上陆续开设了专栏,是否有意将此作为开拓新的学术空间以及开辟学术思想通向社会的渠道?

陈: 是的。我觉得每个阶段都有不同的学术传播方式,每种学术传播方式都可以带动一种风气。"火凤凰"就是一种方式，用系列丛书出版来引起大家关注。后来因为这种书出版得多了，同时市场竞争也激烈，而我不是商人，不愿意参与到具体的经济利润的追求中去，所以慢慢就退出了"火凤凰"丛书。后来我就想换一种方式，通过"专栏"的形式来提出问题。专栏有个好处，比较能引起大家关注，它是有主题的。另外专栏其实是"刊中刊"，我自己绝对有发表文章的主动权，可以按照我的理想与精神追求来设计课题。1980年代我和王晓明在《上海文论》做过"重写文学史"，影响非常大。后来我开设的栏目几乎都与"重写文学史"有关。比如《当代作家评论》上的"无名论坛"，其实就是"重写文学史"，不过换了一个名字，更加具体化了，主要集中在对"潜在写作"的发掘上。

金、黄：前不久《谈虎谈兔》出版了。十二年前，您以"编年体"的方式出版文集时，是抱着怎样的想法？

陈：好玩，就是好玩。其实也是一种挑战。当时著作出版比较困难，尤其是论文集，不像现在这么容易，但我就是喜欢做些同自己过不去的事情。总的来讲，在我治学过程中，不大喜欢过于严密的体系，所以你看我的专著很少。为什么？因为我觉得一部专著中的水分太多，不可能什么都是创新。我觉得写论文比写专著更有含金量。一篇真正的学术论文，将大量的研究浓缩在万把字的篇幅内，既有材料、论点，又有思想。这种方式比专著好，但出版界不这样看问题。现在很多人都在追求表面化的数量，比如衡量一个人的学术成果，首先问你有什么专著，出版社也觉得专著比较卖得动，但实际上论文集的含金量远远比专著高。所以我当时就想做个试验来打破体例，把所有的论文、随笔都放在一起。这是一种无法归类的学术研究，总共做了十二年。

金、黄：以后再出著作，还会沿用编年体并以生肖命名吗？

陈：不会，当然不会了。就像集邮一样，集完一套就算了。

四、文学史写作

金、黄：您说过，中国当代文学与台、港、澳文学构成了一个完整的、难以分割的现象，但现存的几个版本的文学史对台、港、澳文学都涉及的很少。您写的《凤凰·鳄鱼·吸血鬼》与《海底事，说不尽》，是不是为了将来把相关内容加入到文学史中去而做准备？

陈：不是说"加入"。我对现代文学史的写作有一个完整的追求，我要做几套文学史，一套是比较通俗的、以解读作品为主的文学史，适合给本科生或本科以下的学生教学。

金、黄：就是您所说的文学史构成"作品、过程、精神"三位一体中的第一个层面，对吗？

陈：对。我那本《中国当代文学史教程》就是这个形态。这个层面要做三本：一本现代文学史，一本当代文学史，一本台湾文学史。你上面讲的那些论文就是在为台湾文学史的写作准备的。

金、黄：以后会不会出一套"二十世纪中国文学史"？

陈：这是我追求的目标。已出版的《中国当代文学史教程》只是初级的层面，以后会出针对研究生的讲义稿，比较随意，是我上课用的，另外还会有更专业的文学史。

金、黄：这些工作都已经开始着手了吗？

陈：都正在进行。

五、低龄化写作

金、黄：近来文坛"新青春派写作"兴起，以前就有郁秀的《花季雨季》、肖铁的《转校生》，后来又有了黄思路的《第四节是物理课》等等。引起轩然大波的当然是韩寒《三重门》的出版。据说您是很欣赏韩寒的，是吗？

陈：是啊。不过不是欣赏他的《三重门》。我当时担任"新概念作文竞赛"的评委，韩寒的第一篇稿子我就觉得很好，也很想让复旦吸收韩寒进来让他深造，至于他的数学和其他功课的基础那么差，我是后来才知道的。

金、黄：怎么看他后来拒绝复旦？

陈：当时他才高一，还没有到高考的时候。

金、黄：前些时候有两个八岁和六岁的孩子也要出书，似乎应了张爱玲"出名要趁早"的说法。您怎么看日趋低龄化的写作？

陈：一个天才可以十几岁完成很好的作品，古代就有许多神童少年得志，同时这也是个传媒批评的问题。传媒在诱导，于是有许多东西就变得不诚实。比如为了夸张年龄，可能有些东西根本不是那个孩子写的，对不对？如果真是有才华的年轻人十几岁创作了很好的作品，这应该鼓励，没什么问题。很多东西要具体而言，你上面说的那几本书我都没看过，包括《三重门》,这就不好随便谈了。

> 访谈时间：2001 年 10 月 2 日
> 访谈地点：复旦大学

初刊《出版广角》2002 年第 1 期

继往开来

——答姚克明[1]

姚克明（以下简称姚）：陈老师，您出任《上海文学》主编是今年文坛上一件令人瞩目的事情，许多传媒都很关注您的下一步工作。我想先问一个很私人化的问题，您此刻的心情如何？

陈思和（以下简称陈）：我出任《上海文学》主编，完全是出于上海作家协会党组的安排。我虽然是作家协会的副主席，但是我的主要工作岗位是在大学里，对作协的工作并不直接负有责任。但是当任仲伦等几次来找我商量，说服我担任起这一重任时，我确实被他们对我的信任所感动。我想他们之所以希望我去主编这个刊物，主要是因为他们对这个杂志怀有很深的感情，抱着很大的期望，希望它在当前的市场经济冲击下经得起考验，依然能保持文学的纯粹性和严肃性。他们相信我能做到这一点。《上海文学》目前在经济上亏损严重，编辑风

---

[1] 姚克明，时为《上海作家》主编。

格上也面临严峻的市场挑战,前几任主编都为之心力交瘁。这个前景对我来说谈不上乐观,只感到担子很沉重。有许多朋友都劝我不必去接这个工作,不过我为仲伦先生的诚意所感动,按过去的说法,"人生得一知己足矣",我是为了报答他们的好意和信赖,才下决心去挑这副沉重的担子。

当然我自己也有一点私心,那就是我个人曾经受惠于这个刊物。我走上文学研究和文学批评的人生道路,有几个刊物直接提携过我,我把它们归纳成"一报两刊":"一报"是《文汇报》,"两刊"是指《上海文学》和北京的《文学评论》。几位编辑,像李子云、周介人、褚钰泉、王信、陈骏涛等对我都有过非常关键的帮助和提携,这是我终生难忘的。尤其是《上海文学》,我差不多在1980年前后就认识周介人先生,他一直以兄长般的热情关心我的进步。现在他去世了,我想我有机会来做这份工作也是对他栽培我的一种回报,没有比办好这份杂志更能体现我对周介人的纪念了。

姚: 看得出您对《上海文学》感情很深。您能否谈谈这份刊物的历史,还有这份刊物在我国新时期文学中的地位和影响?

陈:《上海文学》的前身是《文艺月报》,已经有半个世纪的历史了,可以说其传统源远流长。上海著名的老作家或评论家巴金、唐弢、魏金枝、孔罗荪、李子云、茹志鹃等,都辛勤灌溉过这片园地。它在历史上曾经改名为《收获》《上海文艺》等。我对它的印象是在"文革"以后,记得它1977年复刊的时候还不敢恢复用《上海文学》,而是用了《上海文艺》这个名字,不敢与以前的"文艺黑线"相联系。但传统是割不断的,上海在1930年代开始就云集了全国最精华的文学力量，几度成为全国文学的中心。1950年代以后，上海需要有这样一份杂志来体现上海文学的群体面貌，到"文革"以后，《上海文学》已经是一份面对全国的重要文艺杂志了。李子云老师把这份杂志提升为全国最重要的文艺刊物，尤其在理论队伍的建设方面贡献突出。现在活跃在上海文艺理论和文学评论领域的五十岁上下的文艺评论家，几乎都得到过这份杂志的支持和培养。人称上海的文学评论是全国的半壁江山，而《上海文学》是支撑这半壁江山的重要基地。在创作上，《上海文学》当时也是能与《人民文学》平分秋色的，很多作家都把最好的作品交给它发表，像阿城的《棋王》、陈村的《死》、马原的《冈底斯的诱惑》、史铁生的《我与地坛》、张炜的《融入野地》、池莉的《烦恼人生》、方方的《祖父在父亲心中》等作品，到现在我仍然觉得，这些作品是他们全部创作中最好的作品。因此说，《上海文学》是一份分量很重的刊物，它的名字是与当代文学史上的许多名篇名作紧密联系在一起的，并在长期的实践中形成了自己的历史和传统。

但是也不能回避，在1990年代的市场经济冲击下，文学已经不再如同1980年代那样风光了，文学受到社会的关注少了，特别是随着网络文学的兴起和繁荣，连过去做文学梦的青年学生，现在也无须依靠文学刊物来发表自己的作品了。这对文学刊物当然是一个严峻的挑战，它面对的不仅仅是经济上的压力，更大、更重的是来自社会关注点减少的压力。就像一个人虽然贫穷或者艰苦，但因为受到了人们的尊敬，他依然会有良好的自我感觉；一旦连社会尊敬也失去了，他就会觉得自己受苦受穷一点也不值得——信念既倒，一切都会付之东流。文学现在正面临了这样的困境。所以许多文学杂志在市场经济面前惊慌失措，纷纷改变了原来的面目，拼命朝市场靠拢。《上海文学》则是少数几家能够坚守阵地的文学刊物，但也坚守得很辛苦。可以说，周介人先生为杂志鞠躬尽瘁，蔡翔先生也是一路风霜坚持到现在。所以我也在想，既然接受这个重任，就不能光陶醉在光荣的历史中，还是应该多看到今天的举步维艰，才能有所准备。

姚：您说得很对，现在应该多关注文学杂志举步维艰的处境，才能有所准备。那么您有所准备了吗？您认为《上海文学》应该如何定位？

陈：《上海文学》是上海作家协会领导的刊物，在我接手前，上海作协党组已经讨论过它的定位和编辑方针。他们是先决定刊物的定位和编辑方针，才来物色主编人选的。如果《上海文学》要走通俗的、时尚的路，那就不会来找我去做那个主编。我只是在实现作协领导们对刊物的定位和要求。在他们的心目里，《上海文学》是一家纯文学杂志，我当然要坚持纯文学的高雅品位和文学立场，坚持它原来所坚持的创新、理想和民间的道路。这三点是我根据周介人先生和蔡翔先生的主编风格归纳出来的。文学贵在创新，墨守成规不能发展艺术生命。文学的创新包括了对文学观念、审美观念以及文学语言技巧的全方位突破。我们所处的时代一日三秋地发生着巨大变化，文学艺术只有坚持不断创新和突破，才可能真正形成反映我们当下生活的最好的艺术风格。

其次是文学需要理想，文学创作是人类精神飞翔的哨音，哪一天人类精神不飞翔了，文学也就死亡了，所以诺贝尔文学奖的获奖标准也明确规定要有一定的理想性。什么是"文学理想"？如何定义？我想，这还需要在创作实践中去逐渐感受和领悟，但有一点，文学即使不能给人指出应该如何生活的道路，至少它可以告诉读者，什么样的生活是不应该再继续下去的。

再次是文学要坚持民间立场，感受民间疾苦，善于在民间日常生活中发掘和感受真正的美和力量，寻找一种健康的精神力量。我一直记得，许多年前巴金老人在病床上口授过一篇序文，他几乎一字不差地背诵了柴可夫斯基的名言，"如果你在自己身上找不到欢乐，你就到人民中去吧，你会相信在苦难的生活中仍然存在着欢乐"。他说得多么好！中国是个拥有十几亿人口的文化大国，上海正在走向国际化大都市，只要人们还存在着对理想的追求，存在着对美好精神生活的向往，我想文学是不会消失它的作用和意义的，永远会有人喜欢纯粹的文学艺术，向往精神的高空飞翔。赵长天有一次对我说，到现在还有读者在网上发表意见，怀念老《萌芽》的纯文学风格。他以这部分读者为例子，意在向我说明，永远会有读者喜欢纯文学刊物，关键是我们要把这样一批爱好文学的读者真正地团结在刊物周围，使《上海文学》在他们眼里成为真正的文学绿洲，成为精神的慰藉和情感的花园。

姚：那么，您的编辑设想是什么？在过去的十多年里，《上海文学》曾以创作与理论并举，成为鲜明的特色。对此您有何想法？

陈：我会坚持这些好的传统和特色。我的编辑设想是：

一、重点在短篇。《上海文学》是月刊,篇幅有限,不可能发表长篇作品,只好以短篇小说(也包括篇幅短小的中篇)为创作主打。现在文化市场被经济力量所决定,长篇小说最流行,原因是长篇小说可以转化为影视作品,产生延续性的经济效益;所以出版社推出长篇小说都愿意开发布会作宣传,传媒也多关注,而短篇小说没有可能直接带来经济效应,很少引起评论家的关注,更主要是很少引起文化市场的关注。但事情总是朝着相反方向发展的,长篇小说创作越来越粗糙,有些几乎就是专为拍电视连续剧而准备的,作家只提供一些故事线索而已,大量细节描写都不见了;反之,短篇小说无利可图,倒是越来越接近文学本色,艺术上也日见精致,许多作品可以作为文学爱好者赏玩和咀嚼的精品,评论家细读和讲课的文本,文学青年们学习和模拟的样板。我们过去拥有汪曾祺、高晓声等短篇小说大家,曾经备受重视;1990年代以来,文学领域出现了一批绝好的短篇小说作家,我举几个名字,如刘庆邦、阿成、迟子建、石舒清等等,均可以在短篇小说创作上独领风骚。我的想法是应该把优秀短篇小说家们吸引到《上海文学》来,为他们准备特辑,隆重介绍、研讨、分析他们的短篇小说作品,从内容到艺术全面宣传,使《上海文学》在不久的将来成为短篇小说创作的最佳刊物和权威刊物;二、进一步扩大文学批评的声音和分量。《上海文学》一向有理论上的优势,目前上海文化市场上多的是通俗杂志,却没有一家专业的理论刊物。任仲伦先生明确希望我加强《上海文学》的理论篇幅,让它在发表文学创作的同时,也成为上海文化领域别有风采的理论刊物。我理解任仲伦先生的心思和意图。如果要杂志双肩挑起创作和理论两大主题，非扩大版面不可。也就是说，理论和创作的版面分布要一比一。《上海文学》原来在理论方面就很有特色，我以后还要有所加强，我要加强的不是一般学理性的文章，而是贴近文学创作实践，也就是优质的文学评论和作家创作论，要偏重于对作家风格的研究和对小说、诗歌、散文等文体形式的研究，也要偏重于对当前文学领域重要现象的反馈和研究。具体地说，就是要围绕文学创作而发出各种声音。因此，有人担心会不会把《上海文学》办成《复旦学报》，我想是不会的；三、要加强文化批评的版面。现在文化研究很流行（我想这本来是属于历史学和社会学的工作），如果引入文学研究，也不妨是一个新鲜的方法。但我不认为有了文化研究就可以取代文学本体的研究，如果是这样，那么就发展历史学科好了，为什么还要文学呢？所以我认为文学研究和文化批评是相对独立的领域，两者之间不要互相取代，可以各自发挥作用。上海目前在如何发展自身文化建设、如何打造城市文化精神等问题上，已经处于迫不及待的境地，我想《上海文学》应该对此作出它自己的贡献。

这就是我对《上海文学》的一个设计。我的追求是：理论要贴近创作，创作要加强艺术，艺术要来自生活。把"艺术"这一元素加进去，也是我对杂志的一个追求。我仍然坚持文学要通过艺术力量来说话，而艺术需要从生活激情中产生原创性。如果少了艺术的环节，那么文学也无从谈起。我希望《上海文学》能像当年李子云老师主编时那样，成为上海文学理论家和作家们的精神凝聚场所。

姚： 您是复旦大学的人文学院副院长、中文系主任，又是资深教授。您觉得一家文学杂志由大学教授来主编，会对文学杂志产生什么效果？

陈：前一阶段交大召开的全国文学期刊会议上，已经有人在议论：纯文学杂志或者学术杂志放到大学里办，是保障杂志纯粹性的一条出路。中国在20世纪上半期曾经有过这样的尝试，《新青年》就是一个典型的例子。当年陈独秀在上海办《新青年》，充其量也只是一家激进的文化批判杂志，在商业市场上未必有更大的发展。1917年《新青年》随陈独秀进入北大，很快就成为新文化运动的旗帜。现在，《上海文学》与复旦大学相结合也是一种尝试。把学院的纯粹性和文化市场的应时性结合起来，究竟有没有好处，还需要通过实践来证明。对于杂志来说，有一种学术理念作为支撑，能够贯穿知识分子的人文理想，文化底蕴会更加厚实。再者是，现在最理想的文学青年和文学读者还是在大学校园里，文学刊物除了走市场外，还要以大学校园为信息交流的主要对象，这样能为刊物带来新的信息和新的力量；对于大学校园来说，文学刊物可能有利于沟通学院与社会的交流，不但给学院带来新鲜的时代气息，也有利于开展大学校园的文学普及教育，这对于激发学生的文学热情、帮助他们关心社会是有益的。因此我想，这样的组合应该是一种相得益彰、有利无弊的尝试。

初刊《上海作家》2003年第3期

传承人文薪火
——答黄发有[1]

黄发有（以下简称黄）：2000年在华东大酒店，我和您有过一次深入的交流，当时您说，您非常看重作为一个人文知识分子的三重使命与责任，即文学教育、文学研究和文学传播。您在1990年代主编的"火凤凰"丛书产生了良好的反响，有力地推动了上海文学批评的发展。四年前，您不顾周围亲朋好友的劝阻，出任《上海文学》主编，在三年多的时间内为之奔忙，深切地领会了其中的酸甜苦辣。您自认为"一身三任"，我想问的是，您选择这种多元化的角色意义何在？另外，您是如何协调三者之间的关系的？

陈思和（以下简称陈）：对于这种多元化的角色，我自己的追求目标就是一种共同的、理想的精神状态。这倒不是出于个人的目的，而是想通过个人的努力来改善整个群体的状态。高校教师是我的核心角色，这就要求我首先应该有自己的学术

---

[1] 黄发有，时为南京大学中文系教授，现为山东大学中文系教授。

见解，即要有自己的专业领域，并通过自己的创造性劳动形成学术成果的。但是转换成成果又必须有一个合理的渠道。在市场经济的状态下或学术空气不太好的状态下，要努力疏通自己的渠道，开辟自己的渠道。如果没有渠道的话，你仅仅去创造，你的成果还是不能发挥更好的效果。就像中国的电影，也有好导演和好演员，可是中国的电影为什么总是低迷不振？这是因为中国电影市场没做好，就是说，好的导演和演员在没有市场的情况下，有时也会屈从于市场的各种压力，然后改变自己原来的理想。我在狭义的层面来理解"市场"，更多地包含一种人文层次上的东西，重在推广创造性劳动和创造性思维。

黄： 您关注的核心是精神文化的有效传播，而不是文化产品的商业价值。

陈： 对！在一个不利于学术环境的渠道下，学者如何坚持自己的学术立场，这是我们必须重视的一个问题。我觉得，在今天的整个社会环境与文化状态中，相互合作的关系都呈现出逐渐恶化的趋势。在这种情况下，一是要疏通传播的渠道，二是要有效地将知识分子的独立探索转换成社会成果。不管是教育还是出版，都能疏通思想文化的传播渠道。在一般人看来，教育通常是通过课堂的方式来完成的，而编辑工作的性质就更贴近社会，更大众化，所以它受商业经济的冲击也更大，随时都能感受到市场的压力。因此，做一个有理想的出版人也就更艰难。既然确立了理想的目标，就应该努力实践，只有在实践中才会产生人文精神的成果。在这个前提下，我一直在探索一种学术、出版和教育之间的融通方式。我对这三个领域都有强烈的兴趣，我自己也愿意通过各种经历来实践这三个领域的某项具体工作,来看看我能不能倡导出一种对学术发展有良好效用的精神探索。也就是说,环境是需要人去创造的。尽管对于大环境我们无能为力,但可以在你的身边塑造出一个小环境。一个良性的小环境可以帮助你有一个从事学术活动的良好状态,因为天底下从来没有一个严格意义上的好环境,即使有好的环境,也很少有适合学术发展的。所以我觉得,真正优秀的具有人文精神的学术活动,是需要你去开拓一个学术空间的。对于我来说,现在这三个领域我都在实践,都在摸索。当然其中也有许多问题,有这样或那样的缺点,也不无失败的教训。不过仔细想想,要是没有这些负面的经验,也不可能完成一些大的成果。

黄:就您的实践体会而言,您觉得职业编辑与兼职编辑有何不同?在现代文学史上,作家或学者型编辑成绩斐然,像鲁迅、茅盾、叶圣陶、巴金、胡风、冯雪峰、丁玲、沈从文等人,通过自己的编辑实践,不断地发现有潜力的文学新人,用自己的心血传承精神的薪火。非常有趣的是,在建国以后,作家型编辑有不少是挂名的,往往专注于自己的创作,在编辑实践中常常是碌碌无为;相反,一些职业编辑倒是有力地介入了文学现场。

陈:我觉得一个知识分子,首先应是一个有理想、有自己明确责任感的人,然后才谈得上他的实践。在这个意义上,我觉得专业编辑与兼职编辑没什么本质不同。对于专业编辑,一方面他是有专业知识的,另一方面从学校的、理想的教育状况来说,会赋予他明确的人生取向。有了这两者,你去从事任何工作,我认为都是有价值的。我有这样一个体会,做教师,你一定要知道什么是好的教师，什么是不好的教师；我从事文学编辑，也知道什么样的人是一个好编辑，什么样的人是一个不好的编辑。说白了，最主要的还是怎样做人的问题。人自己要是有自觉的知识分子承担精神的话，那我觉得在任何领域都是一样的。对于我来说，我可能会去做教育或从事出版业，但是我觉得你在哪一个领域中工作，都只是一个量的问题，没有什么本质的区别。教育、学术、出版对于我来说，其实有一个轻重的问题——有的方面我强调得多一点——但没有等级的问题。

黄： 现代文学史上的一些著名的职业编辑家，典型如赵家璧，他要受制于当时的良友公司。对于一家小出版公司而言，商业压力显得更加直接，更加具有杀伤力。因此，"名家路线"在某种意义上是一种被迫的选择。"十七年"时期，政治压力成为文学编辑头上的悬剑。在今天这样的情境中，文学编辑尤其是文学期刊的编辑，既要承担商业压力，同时还得面对计划体制的惯性所带来的种种压力。您如何看待这个问题？

陈： 我觉得与赵家璧同时代的所有编辑都要受制于这种压力，除非像巴金一样自己搞杂志。一般情况下，杂志为某个公司所占有，投资方肯定不可能完全不顾自己的利益。老实讲，那个时候对文化人比较尊重，编辑还有自己的独立性，压力确实存在，但并不明显。赵家璧在当时作为编辑还是很典型的，他所服务的良友公司是个典型的商业机构，譬如它做《良友画报》，走市民化路线，但这个出版机构容纳了很多优秀的人才，如郑伯奇、马国立等。赵家璧当时作为大学生进去的时候，一开始是搞印刷，老板看到他真的很有活力，就逐渐地委以重任。有不少编辑仅仅把自己所从事的工作作为一个求温饱的职业，但像郑伯奇这样的优秀人士有自己独特的追求，他将赵家璧推荐给不少名家，为他穿针引线。尤其是得到鲁迅的赏识和扶持，这就一下子提升了赵家璧的编辑能量，使他从一个学徒式的文学编辑成为一个编辑家。赵家璧后来自己办晨光出版公司，成为一个老板，自己可以做出决策，但他还是在履行传统知识分子的使命。我觉得做老板也不丢人，像巴金、吴朗西他们，都是从理想出发的。

黄： 理想并不是不能和商业沾边，关键是看你把什么放在最重要的位置上，是信念优先还是利润优先。

陈： 对！关键是看你怎么理解。我觉得人格不应该分裂，人格分裂的话，就会出版一些有害的东西、庸俗的东西。不管是生产环节还是传播渠道，这都需要一种"超越"的情怀，不能抱着这样一种理念：我要去创作一些通俗的、乱七八糟的小说，先赚点钱，等到有钱以后再弄点高雅的来掩饰，来附庸风雅。这样就会把严肃的创作变成一种无用的东西。这注定是不受欢迎的，是一种典型的资本主义，会扼杀精神产品的灵魂。

黄： 您如何评价上海的文学创作和上海的文学期刊？

陈： 在上海文坛，标志性作家是王安忆。文学的标志是需要各种各样的环境自然而然生成的。我觉得上海文学界最鲜明的标志就是杂志，上海杂志可以走在全国杂志的前面。就说《收获》，尽管它也不得不发一些趋时的东西，也发一些主旋律的东西，但始终坚持纯文学的立场，它不做广告，不发评论，不发报告文学、诗歌，坚守纯文学，以小说为主攻目标。这家文学刊物代表了中国的一流水平。在今天坚持纯文学非常艰难的情况下，它不是靠董事会、集团的支持来维持运转，而是靠文学的魅力来打动读者。这种文学立场本身就难能可贵。老百姓心中有一杆秤，就是说，如果要在全国范围内只订一份纯文学杂志，那很多人都会选《收获》。再说《故事会》，从1980年代开始，其读者对象就是农民、低层次人群，它搞通俗文学，但又没有什么乌烟瘴气的东西。《萌芽》推出"新概念作文"，开了可以不通过高考而凭借一手好文章进入大学的先例，这为一部分学生开了个天窗。《萌芽》也以这种方式闯出了自己的道路，它以挑战应试教育的形式表现出一种活泼的文学精神。我有一个总体的感觉，上海这个地方虽然文化上有着各种各样的问题，但在无形当中形成了文学期刊的盛世景观（别人也许没看到，我看到了，因为我从事过这一工作）。

黄：前面您着重说到了上海刊物大都有其特色，那么在这样的氛围下，您在担任《上海文学》的主编期间，对杂志是如何定位的？您认为它的特色曾经是什么？应该是什么？

陈：我一直在思考上海期刊界缺什么，其实就是缺一个有思想、有品位的理论刊物。这个理论刊物应该与文学创作相结合，既坚持纯文学的立场，同时又能为这样的立场进行理论宣传。上海原来有《上海文论》，后来在市场经济的冲击下有所变化。但上海仍有一个好处，即它有好的理论基础，有其挖掘不尽的理论资源。我一度希望《上海文学》成为贴近创作、贴近生活的理论刊物。我的理想是创作与理论并重，在《上海文学》上能发出有力量的、鲜活的声音，能对现实生活发生影响——它可以对一种社会风气，也可以对一个流行的文化现象，对某个文化事件，甚至一部作品，说出自己的看法。上海是一个多元文化的集散地，这里有这么多的高校、高层次人才，它可能代表着一种在全国都处于前沿的批评风格与批评眼光。从总体上来说，我主张文学创作与生活要拉开距离。在上海的文学期刊中，发表的长篇绝对是一流的，中篇是有份量的，但发表的短篇和小中篇显得相对薄弱。为此，我在《上海文学》期间，就把这种文体定位作为自己追求的目标。文艺刊物要想成为大众普遍喜欢的东西，那是很困难的，因为它毕竟有一个不通俗的、曲高和寡的特点。

黄：您怎样看待《上海文学》与学院批评家之间的关系，或者说，您的理想是想要建构一种什么样的关系？

陈：《上海文学》的理论栏目一直偏重文学批评。它不是纯理论刊物，发表的不完全是学术领域方面的成果，它必须接触当代文学的创作现场和当代社会的发展脉络，是和学院拉开距离的。1980年代，在《上海文学》这个阵地上最活跃的批评家有吴亮、程德培、蔡翔，他们都是从社会上各个地方汇聚到这里来的。《上海文学》跟那些学报、那些纯理论的核心刊物不一样，它有它自己的方向。在今天，由于教育体制某些不合理的评估机制，众多教授和研究生都在迎合所谓的"学术刊物"，为满足所谓的学术规范而写作。这种趋势对于新人的自由发展是有限制的，它压抑着广大青年学生的自由成长。《上海文学》主要是以学院为资源，但又要与学院中纯学术的传统区别开；它呵护学院里有灵性、有生气、活泼的批评精神，它把这种精神吸引过来，培养起来，使它们形成一种力量，敢于挑战过于强大的学术体制，甚至与之进行抗衡。

黄：《上海文学》的评论栏目是经过长期积累而确立的

优势和特色，曾经产生过很大反响，很多人对此还是记忆犹新的。您非常重视那些有活力的评论和文学意见，回望您执掌《上海文学》期间的实践，您感觉自己的文学想法实施得怎样？

陈： 关于语言问题的讨论，我认为是很有问题意识的，有好几期都是针对这一核心问题进行深入开掘的。从现在看来，创作与语言的关系是非常重要的，譬如思考方言在创作中的位置，白话文与典雅的古代汉语之间的关系，都有利于激活现代汉语的审美创造力。

黄： 您在《上海文学》的三年多时间里，在评论板块发表了一些作家的随笔，譬如张炜的《精神的背景》、余华的《文学中的现实》、陈村的《关于小说的乱想》等，都受到关注，尤其是《精神的背景》引发了较为深入的讨论。这是不是您为激活批评空气的一种针对性的措施？

陈： 这能够强化批评与创作的沟通与对话。如果作家只顾埋头写作，批评家自说自话，批评的价值就很难得到实现，作家也很难意识到自己的缺陷与不足。

黄： 这种比较感性又具有一定理论含量的随笔，对于丰富批评的文体，也是有一定积极意义的。当学究气十足的长篇大论成为主导风格时，批评的灵性就容易受到压抑。除此之外，您一直比较重视发现批评新人，譬如您在杂志上推出了贺桂梅等人的批评小辑。

陈： 倡导批评文体的多样性，发掘批评的新生力量，有利于推动批评走出沉闷、僵化的格局。

黄： 您主编的《上海文学》在推举文学创作时有两大特点：

一是非常重视短篇小说,二是极力发掘边缘地区的文学力量。

陈: 短篇小说没有得到足够的重视,其可能性也没有得到深入的开掘。关于这个问题,我在作品集《月月小说》的序言中已经说了很多,在此就不重复了。对于文学创作,我自己有非常明确的口味,我不大喜欢1990年代那种弥漫在文坛上的没有生命力的文字,比如说有些人文字圆滑老练,但表现出来的是生活的琐碎,热衷于文风比较枯萎的东西。在我做主编以后的《上海文学》,基本不发这类作品。为了扭转不良的创作风气,我连续去了宁夏、甘肃等地区,策划了"西北青年作家小说""广西青年作家小说""甘肃小说八骏""河南作家小说"等专号,就是因为我看好这些地区的青年文学人才。我觉得在那里,文学仍然是一种可以被严肃讨论、被执著追求的神圣理想和崇高情操,而不仅仅是商品时尚、名利捷径或者变相的欲望宣泄。我有一个想法,就是必须从生活底层去发掘东西,发掘与生活、与社会联系更加紧密的一些作家。对于这个问题,我和很多人看法不一样。很多人(包括很多评论家)都认为文学要与时俱进,今天社会上发生了什么事情,就赶快要通过文学来体现。这样看来,像广西、河南、宁夏、甘肃这些地方,只能是落后于时代步伐的。我认为这种观点是错误的。我认为文学创作根本不存在先进与落后的区别,关键是看你能在多大程度上开掘生活,开掘人性,能在多大程度上体现出特有的生命力。

黄: 对于您主编的《上海文学》,外界对它的总体评价还是很高的,但也有人提出,《上海文学》还是应该抓住都市性,在都市上面做文章。

陈：一本杂志如果默默无闻，没有人议论也没有人关注，那才是可悲的。我认为这种观点是对的，但必须要有两个前提：一、都市不是孤立的，上海作为一个现代化的大都市，它的位置是在中国的沿海地区，它跟内地广大贫穷地区紧密相连。它是在中国特定的经济环境下产生出来的现代都市，所以要谈上海，就不能孤立地谈。现在有些学者就把上海与广大的中国隔离出来，拿上海跟纽约、东京等比，好像世界上就那么几个繁荣的岛。我觉得这样不对。其实上海就是中国的上海，纽约就是美国的纽约，它一定是与自己国家的经济实力和广大内地的处境紧密相连的。所以，作为一个现代大都市的文学杂志，它所反映的文学精神（也可以说是现代都市精神），就是要观照都市以外的城市。只有通过关注西北、广西等边地人群的生活遭遇，才能提醒都市人自己生活在什么样的环境中，我们今天的都市意味着什么，我们是在一个什么样的品位下来讨论都市、体会都市的。我觉得这是一个不能忽视、不能回避的问题。很多人故意去忘掉农村，忘掉贫困，然后把自己建构在一个虚构的幻想当中，把上海也幻想成欧洲、美国。这样是很危险的。作为一个都市人，我们的眼睛一定要超越不真实的都市，看到一个真实的都市。我觉得这是很重要的问题。另外一个关键问题是，我们应当了解中国都市是在怎样的状态下发展起来的。都市本身的人员也非常复杂，里面有大量的所谓"新上海人"，大量的流动的、最有活力的人群，恰恰都是所谓的"新上海人"。这其中有大学生、研究生、引进人才、做买卖的合作伙伴和打工者等，他们和农村有着千丝万缕的联系，所以我觉得，当我们今天为这个都市的居民服务的时候，我们不是为纯粹的都市人服务,我们还必须为这些与中国的农村有血脉相连的一批上海人服务。因此,我们怎么可以在我们的文学杂志上忘掉或故意掩盖掉今天的农村现象呢?还有,我从不回避、拒绝反映都市生活,但我们要的是真正反映都市精神和都市生活的作品。很遗憾,我看不到这类作品。我觉得我们今天的很多人都活在一个不真实的想象当中,就像面对一条城市里的河流一样,看到的全是泡沫,哪里有一家咖啡馆,哪里有一家小酒吧,看到的都是些非常虚幻的东西。可以说,这种东西在所有的电影中都可以看到,都是浮在外面的小泡沫。我认为这种泡沫是毫无意义的。如果有真的好作品,我当然会为之鼓吹。我非常喜欢索尔·贝娄写的《洪堡的礼物》,这部作品就是写都市的。我觉得今天中国没有人达到那种写都市的视野、自由精神和国际化高度。

黄:现在很多人对都市文化感兴趣,近年中国现当代文学专业的博士和硕士论文,有不少都是讨论都市想象的,其中上海的文化与文学的关系更是成为一个热门话题。李欧梵的《上海摩登》成为不少年轻学人效仿的样板,将怀旧与时尚融合在一起,既向后看反思上海的历史,又向前看展望都市的未来,但常常跌入模式化、平面化、符号化的陷阱。您对此有何看法?您认为真正的"上海文化"的核心是什么?

陈:我无法用一两句话来说清楚。我从小在上海长大,而且在上海住过五个区,可以说上只角、下只角都住过,应该对上海非常了解。对于那些所谓的都市文学作品,和充满怀旧的、小资情调的上海想象,我并不否认它的存在,但我自认为这些想象不是专属于上海的。这些就像是魔方一样的东西,并不是上海所固有的，就是到全世界任何地方，哪怕到连饭都无法吃饱的非洲国家去，它也有豪华的宾馆、漂亮的高楼。这些并不是一个城市精神的灵魂所在。在文学创作中它可以有自己的想象，比如巴尔扎克描写的巴黎、左拉笔下的巴黎。实际上，巴黎这个城市很好，但在他们笔下却是一个罪恶的、吃人的、污秽的、堕落的城市，而且巴尔扎克还写出了拉斯蒂涅这样的人物——他怀着理想进入巴黎，不幸的是最终挡不住理想的破灭，导致了毁灭。我觉得巴尔扎克、左拉他们当时对都市的理解远远比我们今天要深刻得多。当然不是说我们就应当去学他们，只是今天的人要去接近本质精神，实在是很困难。

黄：现在很多评论王安忆的文章，似乎不谈上海想象就无话可说，而且总是喜欢将她与张爱玲进行比较。这个问题您怎么看？

陈：我是蛮佩服王安忆的。我觉得王安忆的《长恨歌》最后写到王琦瑶被人很无聊地掐死，这个结尾看似很煞风景。就是说，别人怎么都不会想到这样一个结尾，从各个角度来说，都显得很反常、很奇怪。但我恰恰觉得，她的这个结尾倒是有点接近今天我们不敢直面的某种悲剧性的、本质性的东西。

黄：您刚才的谈话中流露出对上海的一些文化和精神现象的怀疑，有一种很可贵的批判性反思。那么，从城市文化和都市文明这个角度，您觉得上海的哪些东西是应该被批判的或应当警惕的？

陈：我只能说今天反映都市的创作，从某种意义上说，还是很虚伪的，很多作家根本不愿意正视这个问题，或者说是浅尝辄止。就是这种状况。

黄：1990年代以来，随着政府拨款的减少直至"断奶"，相当一部分纯文学期刊相继"改嫁"或"关门"，比如近几年文学期刊界出现"改版"风潮。关于文学期刊定位的调整，大体有以下模式：向"杂"过渡；办成特色鲜明的专刊或曰"特"刊；走一刊多版的路子；打破地域限制，以全国视野办刊；另觅出路，改版为远离文学的文化类、娱乐类、综合类期刊。就"改版"的动因而言，其中还有一种比较微妙的情况：一家杂志一旦换了主编，有一些主编会认为，应该有意识地去"改版"，或者说要摆脱一种"影响的焦虑"，觉得不要跟原来一样。我们都知道，当代中国的文学期刊大多都有比较长的历史，那么期刊"改版"就应该深入地思考这样一个问题：如何才能够建立起一种更加鲜明的新风格，同时又能继承和保持一些好的传统？

陈：我认为任何一个期刊只要它有比较长的生命，就会形成自己内在的某种所谓的"传统"，就有某种区别于其他刊物的标志性的东西。刊物的影响力存在于读者的阅读当中，它不是一个孤立的东西，必然有一批读者把它包围起来。这些读者是因为习惯了原来的口味，才一直长期订阅此刊。这是一个杂志赖以存在的根本，除非这个杂志已经到了山穷水尽、根本没人看的地步，一般情况下，那些具有资格的老杂志，它都有自己的风格。但问题是后来，先是由于政治上的高压，后是由于经济上的压力，使这些刊物的传统风格变得不明显，越来越模糊，越来越趋同。我认为今天所谓的"改版"，很多人是想往时尚上去靠，然后很轻易地甩掉了自身的传统。我认为这是很可怕的。而且很多主编，就像你刚才所说的，有着"影响的焦虑"。严格意义上说,在历史上,个人的力量是很可笑的。我认为一个优秀的、有理想的主编,只有把自己的理想价值与传统的某种亮点结合起来,才能使自己融汇到一个传统的力量中去,这时候才有可能自己支配杂志。现在支配大家的"焦虑"往往是希望抛弃原来的隐性传统,而加入到新的更大的时尚传统中去混水摸鱼,从中获得更多的利益。我在编辑《上海文学》期间,从来都不回避《上海文学》的优良传统,而且我认为每一代主编都为这个刊物做出了很大的贡献。

黄:在期刊"改版"潮流中,一个值得特别注意的现象是不少期刊的"反复",像《芙蓉》在萧元主持时期进行了较大幅度的调整(萧元以反讽口吻认为其改版实践"毁誉参半"),颜家文接任后又旧调重弹;《西湖》改成《鸭嘴兽》,后又改回原名;《天津文学》《青年作家》等杂志都有点找不到北的味道,改来改去把自己给搞糊涂了。这就陷入了"狗熊掰棒子"的恶性循环。

陈:我觉得《芙蓉》上次的改版也不一定是不成功,如韩东主持的栏目就推出了很多优秀的作家作品。我觉得这种实践可能会融汇到以后的《芙蓉》中,从而营造一种朝气蓬勃、活泼的风格。《芙蓉》需要像韩东搞的那些有特色、有片面性的、有活力的思想。杂志当然要有连续性,连编辑都搞不明白自己要做什么,读者肯定不会买账。

黄:在《芙蓉》改来改去的过程中,对于主编和编辑来说,他们的理想很难付诸实施,会受到很多牵制。出版社主办的期刊要受到出版社的控制,现在的出版社都比较看重经济效益,像《昆仑》《漓江》《小说》等社办期刊的停刊,就是典型例证。而文联和作协系统的杂志受到的牵制就更多，其中有商业因素，但更多的是与体制相关的政策、人事问题。您感觉在做主编的过程中，如果有压力的话，最主要的压力是什么？

陈：我觉得要做一个有理想、有追求的主编，肯定会有压力，当然有反对他的也就一定有支持他的。一个人要当主编，肯定会想到这个压力和各方面的阻力。内在的压力是最可怕的，那就是体制上的问题。其实很多杂志和主管单位都有矛盾，主管单位不给钱，反过来把杂志当做企业，要求上缴利润，比如《收获》除了上缴各种各样的税收外，最后的利润还要上缴30%。今天的人考虑问题，都是把近期的成果看得高于一切，把近期效益看作考评的成果。现在的不少大学，每年年底都统计当年你出了多少成果。其实一个重要的学术研究课题，根本不可能在一年里就出很多成果。对于杂志来说，也是这样，不能完全用近期效益来考评。再加上人事上的纠纷，以及体制上的问题，等等，让办杂志的人进退两难。当然，如果要混日子的话，很多的压力就不存在了，只要自己得些好处，其他就置之脑后。

黄：现在很多文学期刊重复办刊的现象非常突出，不少期刊试图通过"改版"打破这一格局，但是由于盲目跟风，很快就从旧的重复办刊模式走向新的重复模式。对这一现象您有什么看法？就国内文学期刊的总体状况来说，最大的特色或者优势在哪个地方？最严重的不足是什么？

陈：今天，通常的刊物都没有个性，不追求个性。"百花齐放，百家争鸣"的方针后来在无形当中变成了所有杂志的精神，现在几乎所有的杂志都标榜自己是本着"双百"精神办刊的。其实我觉得这是一种误解。

黄：这很容易将杂志办成"大而全"或"小而全"的大杂烩，重复办刊，千人一面。

陈：对！"双百"原本是作为国家的文艺政策提出来的，即要容纳各种各样的声音。但是对于杂志来说，这种多元精神必须通过作品体现。在这个前提下，文学杂志只能表达一元，因为小说风格总是一元主导的，小说风格若是粗犷的，那就是粗犷，不可能既有粗犷又有细腻；如果两者皆有，这个小说就没有特点。实际上各种作家的创作都有偏激、极端的一点，杂志也是一样。现在都把杂志看成"统战工具"了，方方面面都要照顾到，各种风格都要涵盖。这样的话，杂志之间就拉不开距离。我心目中理想的杂志，应该有独特的审美倾向，有鲜明的审美追求。

黄：也就是说，"百花齐放"并不意味着一家杂志必须包罗万象，真正的"百花齐放"是每家杂志都有自己独特的、不同的声音，都尊重文学创作的丰富性、复杂性和差异性，它们组合在一起，就显得五彩缤纷。

陈：不错。只有当杂志有各种风格时，才能体现为多元。

黄：您觉得在当前的文化与文学体制中，有哪些因素制约了文学期刊的发展？

陈：对中国这么大、这么多人口的一个国家而言，关键是要有一个具有竞争力、有国家扶持的"两条腿走路"的刊物。我觉得大量的杂志不存在精神层面的价值，只是在渲染一种时尚的东西，比如服装、化妆品、流行音乐、电脑游戏等。这些杂志只要不违反人类基本道德，当然有其存在的合法性，但是，国家应该大力扶持一些承担了精神传承和审美教育功能的文学、文化、学术期刊。如果把这些期刊和那些消费文化类期刊混为一谈，同等对待，那是不公道的。提高国民素质是个系统工程，不光杂志要承担，文学、电影、电视、网络等都要承担。在这个工程中，各种文化门类的功能是不一样的。我觉得现在对这个问题缺乏一种统筹的思考，往往不考虑不同的传媒形态，不考虑文化品种的差异性，口头上强调社会效益和经济效益的双丰收，在执行的过程中，却往往牺牲掉那些确实有传世价值但不赚钱的精神遗产。

黄：搞形象工程、政绩工程。

陈：对！比如电影投资了一百万，很可能拍出来根本没人看，可能有票房价值但却拍得非常糟糕。对于电影业来说，这个"一百万"从来没人心疼，因为与那些大片动辄上亿的投资而言，实在是小菜一碟。但对文学期刊来说，这"一百万"可以做多少事情啊！遗憾的是，管理部门情愿在电影、电视上浪费成百上千万，却连一点小钱也舍不得投入到文学期刊上。

黄：在担任《上海文学》主编期间，您最大的感受是什么？

陈：太累！

黄：您在编杂志时，要亲自看校样，还得亲自为一些重点作家作品写评论，自己想写的文章和想做的课题却没法做。有没有得不偿失的感觉？

陈：我的周围几乎没有一个亲朋好友支持我去接手这项工作，他们有的担心我精力有限忙不过来，也有的或是为了我的健康，或是觉得这是是非之地，犯不着去惹它一身骚。而我本来就在中文系兼着行政职务，手头也有做不完的教学与研究项目，很多事情都已经力不从心，似也实在没有必要再去接受一个新的棘手的任务，但就是在四年前的春节里，我想了一想，还是接受了。原因当然有很多，一时也说不清楚，但至少不会是在家里闲得无聊才要求出来透透气的。现在想来，最主要的原因还在于我喜欢编杂志这个工作。记得很年轻的时候，在卢湾区图书馆我就参与编辑了一份《图书馆工作》的书评杂志，由此开始走上文学评论道路。再往上推，自己在中小学期间，一直担任了班级的墙报委员。一个人的梦想就是这样从小形成的。1990年代，我一直在探讨市场经济时代知识分子的作用，也有意关注了教育、出版以及人文学术思想的传播，以为这是"三位一体"的知识分子的岗位。更何况《上海文学》是一家对我的成长有过影响的杂志，即使从感恩的角度出发，我也理应在它处于困难的时候去为它做些工作。也许在局外人看来，一份杂志就是一份资源，可以用来沽名钓誉、交换好处、献媚谋利，还有办公司什么的，但对我来说，它无非是一块纯文学的净土。我如果去接编，那只能是按照我的理想尽可能地给以它时代的亮色，去探试纯文学在今天究竟能够走多远。我从不讳言自己是个理想主义者，我从跟随巴金先生、贾植芳先生学步开始，就有自己明确的工作目标和做人标准。我知道我的理想未必能够实现，但是我的努力就是要探试一下，理想主义在今天可能达到的程度。所以，我还是抱着书呆子的脾气踏进了这个编辑部。

黄：您在担任《上海文学》主编以后，用一些新文学刊物的刊名作为栏目的名字。在这些新文学刊物中，您最欣赏哪些文学期刊？它们对您影响最深的是哪些方面？

陈：我到《上海文学》后，设置栏目时采用这种策略，是一个偶然的因素造成的，但现在，我觉得我这样做是有自己的追求的。《上海文学》是有传统的，有它自己独特的风格和生命力。《上海文学》有五十多年的历史，是一个老牌的刊物。我觉得这个刊物的容量应该更大，有一个自己努力的方向。另一方面，我选那些刊物本身就有象征、双关的意义。总的来说，我选的那些刊物包容了各种因素，比如说其中有左翼刊物，也有自由主义阵营的刊物，还有比较通俗的大众化杂志。我要强调的还是一种包容性，而不是单一的层次。我希望有一个兼容并包的、丰富的载体，来体现杂志本身的特点。对于期刊研究来说，我最早的研究是巴金，兼而研究文化生活出版社。在1982年，我曾发表一篇关于文化生活出版社的文章，对它的资金运作做过很多采访。我当时就觉得做出版很重要，现在看来也是，忽略了出版，文学就是不完整的，因为文学有一个创作的转化过程，即编辑出版。但限于能力，我没有都做，只做了几个编辑，如吴朗西、巴金、丁景唐、胡风。从杂志的种类来说，我自己比较喜欢的有《新青年》《小说月报》《语丝》等刊物，它们都有一个特点，即有鲜明的主编风格——一个杂志由谁主编，一看就看得出来。比如说《小说月报》，1921—1922年是茅盾编的，后来是郑振铎，再后来是叶圣陶，每一阶段的编辑风格都是很明显的。我个人觉得，这就是把自己的个性置放在刊物中的重要原因。

黄：关于当前的文学期刊与文学出版研究，作为一个既有实践经验又有深厚的学术积累的学者，您认为总体上有什么不足？有什么建议？

陈：我觉得从事这方面的研究，一定要进入当代期刊与出版的现场和今天的文化氛围中，不管是研究现代文学三十年还是当代文学中的传播媒介，我认为最根本的一点是复活历史，激活今天。针对今天的文化状态去支持应该支持的东西，去反对那些伤害活力的因素。我觉得这个非常重要。

黄：您在《上海文学》时期，用来作栏目名的刊物之中，有同人刊物，也有一些比较主流的刊物。不少研究者非常重视同人刊物与那些商业性比较强，或主流意识形态意味比较浓的刊物之间的差异，甚至有夸大的倾向。您是怎么看的？

陈：这个问题比较复杂。文学期刊与社团流派之间的关系也是很密切的，比如说《小说月报》的风格，代表的就是文学研究会的趣味，发表的作品多半是与之有关的；《创造》代表的就是创造社的追求，其作者也多为创造社的同人。同人刊物中也有商业性比较强或主流意识形态意味比较浓的，关键是看刊物办得怎样，不能机械地看问题。

黄：建国以后，同人刊物逐渐消失。胡风在"三十万言书"里面表达了自己的一个愿望，就是希望文学政策能够给同人刊物留有余地，但这种幻想很快就被无情的现实击碎了。进入1990年代以后，用您的话说，就是进入了"无名"时代，它应该说也为一些新生事物提供了生长空间，比如说大量诗歌民刊的涌现。在这样一种情形下，您觉得同人刊物具备成长发展的空间吗？

陈：同人刊物的前提是一些民刊的涌现，它属于体制外的东西。体制外民刊，非是同人不可；不是同人，就不可能做那么多事情。但我觉得，随着当前经济社会的市场化，体制内的刊物也会有某种追求。

黄：在现代文学史上，有不少作家、学者非常自觉地介入期刊与出版的编辑实践，您欣赏的鲁迅、巴金、胡风等人更是其中的杰出代表。是不是正是他们驱使着您，在当前情景下探索建立有效的人文学术传播机制？

陈：确实有这种考虑。从2003年4月正式接受杂志社主编工作编辑第7期的《上海文学》，一直到2006年第八期杂志出版后"金盆洗手"，大约就是三年多一点的时间。虽然是在忙碌中一晃而过，但毕竟与以前的生活方式大不一样。记得有一次，全国重点高校中文系主任会议在复旦举行，有一位外校的系主任对我开玩笑说，你过去每隔一年两年总有一部编年体论文集出版，现在书没有了，只是每月读到你编的一本《上海文学》。这个话我引以为知音，就因为，虽然主编杂志未必能替代我的学术研究，但是我确实将杂志当作我的著述、思想和人格实践来做，它是我谋求知识分子介入当下社会实践的有机组成部分。编辑工作不是简单地把好稿子发上去，一份杂志在知识分子手里，它就是一个传播理想的阵地，这就是当年陈独秀编《新青年》，茅盾编《小说月报》，郭沫若、郁达夫编《创造》，鲁迅、周作人编《语丝》，巴金主编文化生活出版社的文学丛刊，胡风编《七月》《希望》的精神所系，也是五四新文学最有待实践的传统。

黄：通过《上海文学》的实践，给您自己以后的学术研究与文学教育事业带来了什么样的启示？

陈：人事关系、体制问题，这两个问题也是一个知识分子实践理想时必须要解决的问题，否则知识很难贯穿人文精神。像原来编"火凤凰"丛书的时候，做完了就不做了，这跟期刊这样一个周而复始、长期性工作是不一样的。期刊受制于市场和体制，要比丛书厉害得多，反过来影响也大。杂志是持久性的东西，而持久性对人文传播又是非常重要的。另外丛书跟市场的关系比较密切，偶然因素非常大。我原来觉得，只要编得好，给那些喜欢文学的人看就行了，后来渐渐觉得，其实中国需要一种高品位的杂志——不需要在市场上流行——这样可以保持中国纯文学的基本精神。中国的文化和学术，在某种意义上说，就是由少数人传承的，像澳大利亚的怀特，他写的东西就是给少数人看的。再说古代中国庞大的文学传统，当时没有那么发达的印刷，"经史子集"是通过教育慢慢传播开来的。中国那么多战争，那么多次改朝换代，再加上读书人本来就少，里面又有很多人不懂文学，一些真懂文学的还被专制体制迫害，真正的传播者是很少的，但是一代代传下来，就是靠着从老师到学生这样一代代传下来的。

黄：心口相传。为此也形成一种师傅带徒弟的学统。教育不仅是知识的传授，还是人格的接力。流行的未必能够流传，能够流传的也不一定是流行的。

陈：不错。今天传播手段丰富了，文化素质普遍提高了，大家有多元选择。记得"文革"后期，我读了《十八春》，书没有封面，还是一个老作家（姚苏凤）告诉我，作者是张爱玲。后来夏志清写了《中国现代小说史》，大家才知道了张爱玲的文学成就。所以，纯文学，理想的文学，是要靠教育来传播的。我是进了大学、读了中文系，才知道文学史上有这么多事情。找一个没读过中文系的人，考他《文心雕龙》的知识，估计这个人对此了解得很少。现代都是这样，何况古代？但是《文心雕龙》还不是这样传下来了？一个杂志现在印个两三千份，如果不能养活自己，觉得好像是天大的犯罪。不是这样的！文学要进入教育，进入文学史。这个很重要。当然不进入教育体制能够流传的，就是被市场普遍喜欢的，像金庸的武侠小说，一代代都有人喜欢看，它贯通了人性最深处的东西。从这个意义上讲，通俗文学也不能轻视。

访谈时间：2007 年 1 月 21、22 日

初刊《渤海大学学报》2007 年第 3 期，原题为《传承人文薪火——陈思和访谈录》

我与图书馆是很有些缘分的
——答傅艺伟[1]

傅艺伟（以下简称傅）：陈老师，先请您谈一下少年时代的阅读经验吧？

陈思和（以下简称陈）：我与图书馆是很有些缘分的。1970年我初中毕业，没有走"上山下乡"的道路，也没有找到工作，按现在的说法，我算得上是"社会闲散人员"。我才虚岁十七岁，正处于青春期，那个年龄段的人总有很多想要宣泄的感情和内心骚动。但在当时，我仿佛看不到个人的前途在哪里，心理上也承载着无形的压力，感到非常孤独。我的大部分朋友都"上山下乡"去了，有的到安徽，有的到江西，有的到黑龙江。其中有一位朋友就是后来成为复旦新闻学院副院长的张国良教授（现在已经调到交大去了），他和我是中学同班同学，也是邻居。他去了江西进贤军垦农场。他的哥哥张忠民也和我同班，那时去了淮北五河县插队。我们三个是非常要好

---

[1] 傅艺伟，时为《复旦人》特约记者。

的朋友，我们甚至一起合编了一个刊物，那个刊物有个很"革命"的名字，叫做《朝阳花》。当时参与刊物编写的，都是去各地上山下乡的同班同学，他们在当地创作了一些散文和诗歌。尽管这些作品在今天看来仍然充斥着各类政治套话，但里面仍有一些真诚的诉求，我们还是想表达自己内心最迫切的感受。我当时就负责做这个刊物的编辑，他们把稿子寄到我这里来，我就用手写的方法复写刊物。当时有一种简单的编辑方式是刻蜡纸，而另一种方式就是直接用复印纸手写。就这样，我们逐渐编出了这本名叫《朝阳花》的同人刊物。不过，只编了两期，到第三期就编不下去了，因为当时有一个参加写稿的同学把这件事告诉了她的父母亲。她父母亲就着急了，说你们这样做是会出问题的，有可能被打成"反革命集团"。"文革"时期这种事情是时常发生的，在家长的干预之下，这件事情最终只好不了了之。

这次文学实验失败之后，我的情绪似乎更加发泄不掉。那个时候我的家从杨浦区搬到了卢湾区淮海中路的"飞龙大楼"，我经常到卢湾区图书馆去看书。那时候的图书馆，其实是没有什么书可供借阅，大多数的图书都是不可以开架阅览的；即使是开放出来可以借阅的书，虽然已经是很"革命"了，封面上还要加贴一张单子，说是"供批判使用"。但那个时候有几类书是可以看的，其中有一类就是鲁迅的书。我就在那个时候开始读鲁迅。当时我读的是1958年版的《鲁迅全集》，基本上是连注释一并通读。读过一遍以后，我又开始对注释产生了进一步的兴趣。鲁迅的很多杂文，都不是孤立于社会的，那些文字和当时的社会现实有着紧密的联系，他的文章中反映出丰富的时代信息，涉及到大量具体而生动的人和事——我依靠读注释，渐渐了解到了这些信息。通读《鲁迅全集》给予我的最直接的帮助就是，从"五四"到1930年代的历史就此在我眼前铺展开来；在我的知识结构里面，第一个知识空间逐渐完整了起来。我开始对这一段历史怀有特别的兴趣。这是一方面。

另一方面，我还是喜欢阅读大量的文学作品。当时，我几乎每天都会去卢湾区图书馆。我从家里走到那里大概需要二十分钟，经常是中午回来吃饭，吃完饭又去了。有时候早上做完家务——因为我家中还有外祖父、外祖母需要照顾——下午就会一个人到图书馆去。在这段时光里，我逐渐和图书馆的一些管理人员熟悉起来了。他们起先总是要批评我的，觉得我整天在图书馆里混日子。我有一次去借马雅可夫斯基的精装本选集，他们批评我说，读这种书属于"思想倾向不好"。但我看到里面都是一些《向左进行曲》之类的看起来很"革命"的东西，怎么会"思想倾向不好"呢？就在那段懵懂的岁月里，我开始逐步接触、进入第二个与书有关的知识空间：书评。我开始参与到图书馆的书评小组中，为他们写一些书评。卢湾区图书馆有一个很不错的工人书评小组，成员都是附近工厂、店铺的青年工人，后来在媒体很活跃的记者杨展业、成莫愁、曹正文等，都是从这个书评组起步成长的。所以我做文学评论起步很早，而且因为要做这些与文学有关的批评工作，就要学习相关的批评理论。那个时候，图书馆的政宣组就把"文革"前的《文学的基本原理》之类的书用蜡纸打印出来——当然是把一些他们认为"不好"的东西删掉了——给我们看。在这个过程中，我学到了很多东西。后来，"批林批孔""评法批儒""批

《水浒》"等等政治运动都在群众中展开，图书馆也会参与。为了"批判"的需要，一些与历史有关的东西，从前禁止阅读的，那时候反而可以看了，因此我又有了难得的机会阅读各类古籍。我的知识结构就是这样一点点形成起来并慢慢扩大的。可以说，如果没有在卢湾区图书馆的这一段读书经历，我没有可能后来考上复旦大学。

有意思的是，在1974年左右，卢湾区图书馆的功能和现在一样，也组织讲座。当时卢湾区图书馆邀请到了复旦大学和华东师大的一些老师来讲公开课。当时刘大杰、章培恒先生都来讲过讲座，我曾经亲耳听过章培恒先生的讲座——当然那个时候的讲座免不了还是有些"文革"特点。时间再转到1976年以后，社会氛围就比较开放了，那时候华东师范大学有一批研究外国文学的老师为我们讲雨果、巴尔扎克等人的作品。

回顾我的这段人生经历：我从1972年以后，从一个普通读者到渐渐参与图书馆的工作，到1974年被分配到当时所在的淮海街道图书馆工作（业务上我受卢湾区图书馆指导，因此常被借调过去，参与杂志编辑、讲座组织等等日常事务）。那时候我才二十岁左右，已经可以在一个电影院的讲座现场公开演讲一两个小时了。可以说，我步入社会的第一个人生阶段是从卢湾区图书馆起始的。

傅：您有哪些印象深刻、饶有趣味的图书馆经历？

陈：当时在图书馆里工作的有很多老人，这些老人都是"文革"中被批判的，闲置在图书馆，他们很有学问。我从这些前辈们那里学到了很多东西。《暗淡岁月》的主题是"我与杨浦"的故事，我接下去想写的第二本书是关于"我与卢湾"

的故事。可以说，卢湾区图书馆是我成长的摇篮。当时我在一位姓黄的老先生的指点下初涉古典文学，他对我学问的长进帮助极大；还有一位阮老先生，曾任上海图书馆副馆长，"文革"中受冲击，转到卢湾区图书馆工作，这位老先生学问极好，他给我讲解图书馆的历史，讲学问的形成，使我实实在在地有所收获。在十六岁以前的小学、初中岁月里，我个人的一些零星的知识积累，更多来自于家庭教育，而到了这个时候，反倒是图书馆为我提供了一个静下心来系统读书、学习的空间。前面提到过，我和我的同龄人有着不一样的经历。那时候他们都"上山下乡"了，而我没有去。他们离开学校之后，几乎没有办法再继续学习，虽然也会有一些学习认真的同学，还有通读过《资本论》的，但那毕竟是少数，大多数人在"上山下乡"中，青年时期的宝贵精力和时间都被荒废掉了。我和我的同龄人逐渐走上不同的道路。到1977年恢复高考的时候，我们这个班级里的同学，很少有机会考上大学。

我个人很喜欢上海图书馆的徐家汇藏书楼，那也是我开始专业研究的一个重要起点——在大学里起初研究巴金的那三五年时光，我差不多都是在徐家汇藏书楼里度过的。另外，1983年，我跟随贾植芳先生编"外来文学思潮、流派、理论在中国文学史上的影响"的大型资料集时，我去过北京图书馆查阅资料。那时候北京图书馆还在皇城根，设备比较落后，只有两台查看缩印胶卷的仪器，其中一台还比较模糊，镜头难以辨认。为了能用得上那唯一的一台正常设备，我每天早上六点钟不到就要去馆里排队，在那里一坐就是一整天，豆浆、油饼拿了一堆放在身边。当时我和贾植芳先生的另外一位学生孙乃修一起翻阅了十几种从晚清到民国期间的旧报纸。现在回想起来，当时的图书馆管理员也确实是很辛苦的——有时候我们旧报纸看过三叠，发现没有可用的史料，又要交给管理员拿回去换一叠新的。报纸老旧沉重，积了很多灰尘，来回搬运的工作量是很大的。总的来说，我觉得北京图书馆工作人员的服务态度是非常好的，搬那些旧报刊搬得满头大汗，但他们一点都不抱怨。我至今仍有着很美好的一段记忆。就我的人生经历来说，与图书馆有关的那些记忆都是很珍贵的。但我从来没有设想过有一天我会担任复旦图书馆的馆长。现在回想起来，觉得自己的人生仿佛走了一个圆。这似乎也是给了我一个向图书馆表示感恩的机会。

傅：您认为图书馆与出版社、书店之间是否存在角色差异？

陈：很不同。从最简单的一点来说，出版社、书店负责生产、流通，而图书馆负责买书、藏书，而这看似微不足道的角色差异，造成了图书馆的个性。从文化积累的角度来看，我认为一个图书馆比较看重的是远的目标，相对来说，出版社和书店更看重的是流通与市场。对图书馆来说，看起来很畅销但是却在文化意义上转瞬即逝的书，我们并不需要；那些对于文化传承有着重要意义的书，或许并不受市场青睐，我们却会非常看重。所以图书馆的功能与使命，决定了它不一定和图书市场保持一致性，但它在传承文化，推动、保护良好出版物的生产和流通方面，会起到重要的作用。

傅：可否简单谈一下复旦图书馆的历史与今天？

陈：2018年我们要进行百年馆庆。目前我们图书馆有一部分工作人员正在负责复旦图书馆百年馆史的整理与编写工作。根据校史记载，1918年5月，复旦校董聂云台捐赠《四部丛刊》一部，约二千一百册，形成复旦大学图书馆雏形。聂云台是当时上海著名的实业家。还有一种说法是1918年戊午年，戊午级学生捐赠图书，建立了图书馆的雏形。总之，1918年复旦图书馆开始了其百年历程，它从一开始就少不了校友的捐助，是依靠民间集资的力量推动图书馆工作的。今天复旦图书馆的规模、藏书都有了很大的发展，馆藏古籍四十余万册，其中善本七千余种（约六万册），内有宋、元、明刻本一千余种，抄本、稿本近两千种，清刻孤本、稀见本、精本、批校本三千余种。这批善本古籍皆属于国家三级以上文物。自2008年"国家古籍珍贵名录申报评审"工作开展以来，复旦图书馆已有五十七种珍贵古籍入选；其中按照珍贵古籍定级标准来看，有国家一级文物十九种，国家二级文物三十八种（这里还不包括大量的民国书刊等珍贵图书）。葛剑雄教授担任馆长后，学校每年以10%的配额增长用于图书资源建设，而且葛馆长具有国际前沿的视野，坚持单本购书，因此，复旦图书馆购书量每年多达十二万种，为全国高校图书馆之最。今年由于复旦财政紧缩，购书资金被大幅度削减，但我相信这是暂时举措，希望今后学校还能一如既往地不断增加图书资源的经费。

傅： 谈谈您个人对于复旦图书馆的印象？以及图书馆未来有哪些发展设想？

陈： 实话讲，我们刚进复旦的那几年（1970年代末），学校图书馆的利用率是不高的。我那时候研究巴金，需要读大量的民国时期的期刊和书籍，主要是利用上海图书馆和徐家汇藏书楼,那里有丰富的藏书。我与我的同学李辉为了读那些报刊书籍,经常要从五角场到徐家汇,要乘公交车55路和26路,加上堵车,花两三个小时才能到那里去找书、看书。那时候的借阅极为不方便,没有电脑、照相机,进入书库之后,好不容易找到一本书,还要一笔一笔慢慢抄写。如果说卢湾区图书馆是我学术起步的摇篮,那么,徐家汇藏书楼则是我当年的学术宝库。

再说我们复旦图书馆。从我的学生时代到现在,复旦图书馆工作人员的服务质量逐渐变得专业了,相关制度与设备的进步与完善程度非常显著。现在学生对图书馆的满意度一直在增高,这都与葛馆长密切联系读者、力抓服务质量分不开。我们读书那个时候,图书馆阅览室的座位都很难抢到,每天寝室里都需要轮流派人来为全寝室的人"抢位子"。大家为这个人带馒头当晚餐,而这位同学则要一个人捧着好几个书包"冲"进阅览室。这种记忆印象深刻。我始终觉得,图书馆的环境改善与空间拓展还是很有必要的,现在复旦图书馆本馆的空间设备仍然是全国985高校中最差的,实在太狭小太破旧了,与复旦这样的名校地位很不相符合。我想我们的校友返回母校如参观图书馆,肯定会有这样的印象。

我的理想是,将来在复旦大学图书馆新馆中增加一大批专门为学生和研究者准备的单人工作室,图书馆可以常年供给他们进行阅读、研究之用——图书馆给研究者提供的书可以暂存在研究室里,待研究完成之后,再一起归还。这种做法在国外是很常见的,我过去在日本早稻田大学做访问学者,就在图书馆有一间这样的工作室,它为研究者提供了很多便利——每一个房间中都有一个小茶几，可以煮咖啡的设备齐全，还有一个书架、一部馆内电话——研究者可以在里面进行连续的阅读与写作，可以持续工作一整天而不被打扰。我希望将来也能够为复旦的读书人提供这样一个理想的阅读与研究空间。

现在图书馆新馆的建造工作还在筹备中，等到项目真正启动之后，我们会在图书馆的官方网站上进行相关信息的公开与发布，同时也会号召大家参与到图书馆的建设工作中去，为图书馆新馆的建设献计献策，共同探讨怎样把我们的图书馆建设得更加完善。

傅：您对于图书馆专业人才的期许有哪些？相关的培养计划是怎样的？

陈：复旦图书馆还有一大批尚待整理的西文文献，我希望在自己的这一任上，想办法把它们整理出来。当年院系调整时，复旦馆藏了一大批法国传教士遗留下的西文文献，非常珍贵，据说有些资料法国本国也没有。我的导师贾植芳先生在图书馆馆长任上的时候，就想整理而没有机会完成，因为这要求文献的整理者具备高水准的语言能力和专业能力。他一直与我说起这个遗憾。长期以来，大家似乎对于图书馆的专业人才培养不是很重视，总觉得图书馆只要有人会借一借书、发一发书牌就可以了，而我认为大学图书馆应当是一个科研单位，虽然它的主要功能是提供服务，但是这个服务到底是一种高层次的服务，还是低层次的服务，这之间仍存在着极大的差别。就高层次的服务来说，图书馆类似于当年的商务印书馆，需要一大批的专业人才，包括语言人才、研究人才、计算机人才等参与到图书馆的日常工作中。只有这样，才能使图书馆的科研服务能力达到一个比较高的标准。

傅：复旦图书馆的新兴技术与数据库建设规划有哪些？

陈：这些年来，整个文化环境与学术环境的改变非常之迅速，大数据的形成，数据库技术的迅猛发展，在很大程度上改变了我们以往读书研究的方式与视野。你们年轻一代，或许已经较少阅读纸质图书，转而选择阅读网络读物或电子文库了。全世界的高校图书馆都面临这个变化，不光是中国的问题。纸质图书今后面临萎缩是大趋势，不是光靠呼吁保护就可以解决的。但是另一方面，我认为图书馆还需要有新的发展。最近我们在学校领导的支持下，刚刚促成一件事：国家图书馆已经正式批准复旦大学图书馆成立古籍修复保护人才培训基地（全国只有两家高校图书馆获得这个发展空间）。复旦大学还正式成立了中华古籍保护研究院，杨校长担任我们的院长。复旦大学有将近四十万册珍贵古籍馆藏，在全国高校系统中是数一数二的。国家图书馆对我们的文献保护工作非常重视，我们也专门设立了古籍保护专业硕士点，每年培养十位古籍保护的专业人才，因此图书馆也将是重要的教学单位。为了更好地收藏与保护古籍，学校方面也在光华楼专门批准了七间储藏室，但是由于光华楼使用的是中央空调，严格来说这还是不符合存放古籍的专业标准的。在不久的将来，我们会把现在理科馆的书库改造成为古籍特藏书库，专门储备古籍特藏，将来这里将建设成为一流的古籍特藏、古籍修复与保护的珍藏馆。古籍保护工作，今后会日益受到社会各方的重视，我们在这一方面将会有更大的改进与支持政策。

另外，我们接下来还准备建设大型数据库。复旦在全国的古籍编纂与研究保护领域一向有学术优势，像《中国历史地图集》《中国古籍总目》等都是享誉全国的重要学术成果。我们今后将逐步把这些既有的成果整合起来，做成一个大型数据库。此外，我们也在进行大学人文学科评估指标的项目建设。到目前为止，关于人文学科的评估指标，国内外高校其实都没有形成足以真实、完善地反映人文学科特点的评估体系。总而言之，我希望今后的复旦图书馆能够在更高的层次上，为科技发展、学术研究提供专业服务。

傅： 您认为当代人在不同的生命阶段，读书状态各有哪些差异？

陈： 在当下，读书状态最不好的，是四五十岁的中年人。中年人因为平时工作太忙碌了，有时候就会把读书这件事荒废掉。我觉得人在年轻的时候，一定要多读书。回想自己在二十岁左右的读书岁月，真是一点压力都没有，什么书都可以读。但是即便如此，我现在仍后悔没有在年轻的时候多学会几门外语。我在少年时期，包括后来的大学时光，以及刚刚留校的那几年，有着比较好的读书状态，但是到四五十岁以后，人就开始忙起来了。作为职业读者，我的阅读开始变得有目的，有计划，在业余时间读一本闲书的可能性就不是很大了。人年轻的时候，读书其实不需要有"中心"，阅读的广度和深度是完全可以不受限的，而且读了忘记也是没有关系的。上了年纪以后，真的开始使用这些知识的时候，你会发现：年轻时候的读书岁月对你留下的影响，那些对你有用的东西，你都已经记住了。但是人到中年，就不可能有那么多的时间、那么好的机会去自由地读书了，这个时候的读书难免会带有一定的目的性。

所以，抓紧时间读书，对于年轻人来说，是尤其重要的一件事情。但是年轻人的缺点恰恰是不大会支配时间，也缺乏足够的阅读经验，以及必要的人生经验，所以在阅读过程中产生的感受可能不太深刻。到中年的时候，人应当有一个必要的"反刍"过程——在年轻时候，你觉得对自己有用的、曾经触动过自己的书籍，到中年以后还可以去重读。再一点，我觉得人的一生中应该选择几本书。选择了这样的几本书，就如同选择了几位好朋友——好书给予人的滋养是终生的，最好的朋友也往往是终生的朋友。挚友之间经常会见见面、聊聊天，而人与书之间也是这样。好的书可以常放在身边翻阅，未必要一口气读到底，但是在日常生活中，经常有机会"见见面"。这就像做老朋友一样，我心里面有什么问题，在书里面都可以得以释怀。这样，一个人如果能够学会用读书来解闷、消遣、平息心灵上的各种问题，那么他一定是一个能够把握住自己命运的人。我年轻的时候很喜欢莎士比亚，在那段青春期骚动的岁月里，凡是心里面有苦闷的时候，我就会阅读朱生豪翻译的《莎士比亚全集》；再到后来，鲁迅的作品成为我人生的挚友；现在则是巴金的《随想录》。其实，选择哪些书或许不是最重要的，重要的是这种长达一生的陪伴。我在这里谈到的情况并非是指职业的读书人，而是指一个普通人一生应有的读书状态。人到老年，则又是另一种情况。如果是一个不以写作为业的人，他在晚年的时候，应当去读一些稍微短小的、更加具有耐读性的经典之作，这些文字应当和人性贴得更近，能够陶冶心性，完善自身的修养。

傅：在您看来，数字时代里，新媒介对于传统阅读方式是否形成了一定的冲击？

陈：我并不觉得这是一个很严重的问题，受到冲击的是纸质书（尤其是纸质媒介），不是阅读本身。对于电子书、网络文字的阅读，同样也是一种重要的阅读方式。随着时代的不断发展，新的专业的读者也会随之产生。虽然我现在仍然无法想象一个人会在电脑前读完一整本《浮士德》——可是我相信，数字时代只不过是带来了一种阅读方式和阅读工具的改变，虽然这种方式或许会影响到书的内容，给我们带来一些暂时性的问题，但是我认为，随着科技的进步，这些问题也会在不远的将来被我们一一克服的。比如说电子阅读器。一个电子阅读器能够放多少本书？而打开阅读器和打开一本书，这种阅读行为的实质其实是差别不大的。我们不能仅仅因为网络上的信息杂混交错，就去判断说乱七八糟的内容是由新的阅读形式导致的。在从前没有网络的时代，通俗读物也是大量存在的，也会有我们今天认为是"乱七八糟"的阅读内容存在着。说到底，接触到什么价值层次的东西，关键还是要看你自己的倾向与选择。你愿意去读什么，你就会接触到什么。在古代，纸张发明了，或许也会有人认为这是文化的一种堕落——看上去，纸是很容易毁坏的，而刻在竹简与石头上面的文字，则会留存很久很久。甚至我们可以说，刻在石头上面的文字，因为介质的原因，会显得十分有力而精炼，而后起的毛笔字，或许在相比之下显得草率而鲁莽——肯定也曾有人会认为这是一种文化的堕落。我觉得，我们现在用电子阅读设备代替纸张，未必像很多人所说的那样"是一种文化的堕落"。换个角度来讲，我们现在因为大量使用纸张，造成了自然环境的极大破坏，寻找到新的替代性介质,未必不是一件好事。虽然阅读纸质书已经成为一种延续已久的习惯,但是习惯未必不可以改变。我是持有这样一种乐观态度的。

访谈时间:2014年6月23日

初刊《复旦人》2014年第19期

坚持：知识分子的精神岗位是不能改变的
——答柏琳[①]

柏琳（以下简称柏）：陈老师，你是1990年代"人文精神寻思"的发起者之一。时隔二十年，你对中国的人文精神现状有了什么新的认识？

陈思和（以下简称陈）：就我现在的上海都市生活状况而言，知识分子虽然还是不富裕，但是比上世纪末的那些年要好多了。我觉得当代人的文化生活，主要出现了两个新的现象：一是对我们当下的生活状态是回避的。二十年前市场经济新兴的时候，学者是不回避现实生活的，我们发起"人文精神寻思"的讨论，就是觉得可以为避免市场经济带来负面因素而有所作为。二十年前我们很清醒市场经济的两面性，在带来生产力发展和人性解放的同时，也一定会带来物欲横流、人欲过度乃至道德滑坡。作为社会主义国家的中国，要发展资本主义商品经济那一套，已经有了前车之鉴，是可以总结资本主义

---

① 柏琳，时为《新京报》记者。

二百多年来的经验教训的。当时的"人文精神寻思"就是这样的努力：希望国家和大多数人能够认识到市场经济对社会风气和道德可能带来的伤害，并且有意识地去避免。当时我做"火凤凰"丛书，也是基于这样的前提——人一定要有一种精神理想，来抗衡社会上可能出现的负面文化因素。但是很不幸，市场经济经过二十年的发展，恰恰就是在人文精神这方面处于完全不设防的、全面崩溃的状态。我一直在思考这个问题。中国是一个没有宗教传统的国家，那就更需要人文传统，需要人文传统担当起宗教传统的作用，对人世的走向起到中流砥柱的作用。可是为什么最终人文传统还是淹没在商海之中，受到社会的集体唾弃？过了二十年，人文精神非但没有发展，社会上还出现了那么多骇人听闻的非人道事件，今天媒体报道和网络上流传的那些社会案件，难道和人文精神的缺失没有联系吗？

柏：为什么二十年后我们物质上富裕了，可是人文精神的现状更糟了？

陈：这正是我们要反思的。人文精神不是国家法律，也不是天外来客，它就是你心中的"宗教"，是人之所以为人的信念。人要相信自己，首先就是要相信人是有良知的。我们今天看见路人为抢道而打架、老人被撞无人相助等不良社会现象，内心深处会有压力，会有自我谴责，只是良知在黑白颠倒的世界里，被各种利益博弈所压倒，陷入自我麻痹的状态。现在网上越是对各种负面新闻铺天盖地渲染，人心里忏悔的恐惧就越是强烈。其实个人对于自己做了不光彩的事情，内心是有恐惧的，但是转换为一种集体声音后，就变成了"这个世界就是这样的，社会都是这么黑暗"这样一种似是而非的观念，以此来麻痹自我的良心。一个人要逃避自我谴责，要寻求心理解脱，他就会强调："现在社会人人都是这样，我这样做也就没什么关系，"这种观念与人文精神的衰败是有密切联系的。

柏： 你曾说"如今我们的文化生活、文学趋势之急剧变化，一点也不亚于1980年中期的革命性转型"。可否谈谈其中的相似性？你现在对于"社会转型"有什么新想法？

陈： 二十年前"人文精神寻思"的大讨论时，我觉得"转型"、"过程"等都是一种社会正在发展的动态的未完成状态，但经过这二十年后，我的想法变了。我觉得"社会转型"是一种假设的目的。现在我们都在嚷嚷"社会转型"，但"转"到哪里我们并不清楚。1980年代百废待兴，社会转型的总方向明确，就是要走向一个积极发展的新世界，可是到了1990年代经济开始起飞，大家的意见反而分歧了：要"转"向哪里去？所以说，每一代人都有每一代人的困惑和问题。我开始觉得，当下就是我们的现代性所在，社会永远处于这样的发展变化状态；如果真的达到完美状态，社会就停滞了。这是不可能的。所谓的社会转型期，不过是因为每代人都遇见了自己当下独有的社会和个人问题，而社会一直都在"转型"，知识分子在其中必须发挥功用。所谓"知识分子"，通俗地说，一是要有知识，二是要有担当。这是一种缺一不可的组合关系。

柏： 但现在，社会上确实存在着很多知识分子无法发挥社会担当的因素。

陈： 原因是多方面的。现在知识分子可能主要集中在学院里，学院是有墙的，和社会是隔离的。人在学院里，可以不看报纸不上网，照样做学术研究，学院可以给你一个"两耳不闻窗外事"的环境。但如果你要做一个真正的知识分子，一个对社会承担责任的人，这样做就不行。知识分子一定要把自己的思索和当下的社会矛盾相结合，一定要把当代人的立场呈现出来，这就需要你去和学院体制做斗争。这种体制总体上说是伤害人文学科的个性发展的，比如论文考核、职称评级、课题数量等等，对人文学科的伤害是巨大的。体制把一切人文研究都转换为量化的数字，但是人文学科是最不能量化的东西，它是跟人走的——没有个体的人，就没有这个学科。

柏：当年你与王晓明主编了"火凤凰新批评文丛"之后，又与李辉等人相继推出"火凤凰文库"、"火凤凰青少年文库"、"火凤凰学术遗产丛书"。你曾说这一套"火凤凰"系列是要重返"五四"新文化传统。这是一种怎样的"新文化传统"？

陈：我是一个生命意识很重的人。当年的"火凤凰"系列一共编了四套丛书：从给孩子看的"火凤凰青少年文库"到青年批评家的"火凤凰新批评文丛"，从论述知识分子思想的"火凤凰文库"再到为老年知识分子保存学术成果的"火凤凰学术遗产丛书"。我为什么要编这四套书？我要体现的是一种生命循环的精神，一种知识分子的岗位意识。在我的学术研究和教书育人的生涯中，也是要贯彻这个旨意的。今天我很开心，现在活跃在出版界、批评界的许多青年朋友，他们不一定是复旦大学毕业的学生，但通过当年我写的、或者编的书籍而有了某种传承意识，这就像火炬传递一样。我现在可以不做什么了，因为已经有人在做我原来想做的工作了，如北岳文艺出版社的续小强，还有云南人民出版社的周明全。这些"80后"的青年才俊，我以前并不认识，他们主动来找我，对我说起当年的

"火凤凰"系列怎么激励他们,他们一直念念不忘。续小强希望我来策划一套新的"青年批评家文丛",就用"火凤凰"这个品牌,以激励今天的青年文学批评家。周明全也着力编辑出版了"80后批评家"的丛书,为大家做了很多工作。我在这些青年人身上看到了我们当年的影子。

柏: 你所说的知识分子的岗位意识,是你为当下人文精神"复苏"开出的一剂药方吗?

陈: 我所说的岗位意识如果能普及到普通人,这个社会就会好转。比如我出门乘出租车,司机开车不小心违反交通规则被罚钱,我就会主动把罚的钱给他。其实我与他并不认识,没必要给的,但是如果我给了,也许会在这个司机的心里加上一点温暖,他会觉得人与人之间是可以相互理解的,他会在某个时刻心存善意,不再怨天尤人,那么我的目的就达到了;如果只是普及到知识分子,那这个社会还有希望,起码有人会呐喊,有人会呼吁社会不要往下沉;如果连知识分子都放弃了,那整个社会只有沉沦在道德泥潭里了。

柏: 你说自己的岗位就是教育、学术和出版这个"三位一体"的实践,而这是你在四十岁以后找到的。你四十岁时是1994年,是第一次"人文精神寻思"的大讨论发生以后。这是否就是你找到自我道路的转折点?

陈: 我作为一个自觉的知识分子,是从1990年代的"人文精神寻思"开始的。但丁(1265—1321)是在1307年(即四十二岁)左右开始写《神曲》的,但他把《神曲》的叙事时间定在1300年复活节周,即他三十五岁那年,所以就有了开篇的"拱门之顶"之说。他那时陷入了深深的精神危机,他在

《神曲》一开始就说："在人生的中途，我迷失在一个黑暗的森林之中。"而我在三十五岁到四十岁这五年内的经历却让我受益很多。

新世纪以后，我的人生观还是发生了些许的改变。新世纪以前，我从文学入门，探讨的是知识分子独立人生的道路选择问题；进入新世纪以后，我担任了中文系主任，开始为学院体制工作，需要担当起一个系的发展重任。从前我是闲云野鹤，作为一个旁观者，只要做好自己的事情就行，对学院采取疏离的态度；可是自从做了主任以后，个人与学校的关系、中文系和学校的关系、学科与国内外学术界的关系等等，我都要去沟通协调。但即使这样，我也是带着自己的生命意志进入体制内的，尽量想让一切事宜都处理得有知识分子的风骨。但实际上并不能如意，比如我一方面反对着学院体制的僵化，一方面也必须执行这个体制决定的工作任务。我有双重身份，一方面要保护中文系的人文传统和知识传承，尽量维护其中的学术自由环境；另一方面我又要融入体制，去保证各种评估顺利通过，获得各种发展资源。这样的工作我做了十二年，和体制打交道打了十二年，直到2012年我辞去了系主任的职位，开始担任复旦大学图书馆馆长。

新世纪这十五年来，我的人生经历了变化，对于体制内的那些"潜规则"，我内心都有一份自觉。我知道自己现今已经不是一个纯粹的理想主义者，无法回避那些现实的东西——为了学科的发展，需要去妥协、去周旋——但是我并没有忘记一个知识分子的使命。知识分子的现实岗位是可以移动的，但是精神岗位是不能改变的。年轻时我受过存在主义影响，提倡站在当下的立场去做实事,而且不能一个人单枪匹马,一定要通过群体的努力带动一批人去向好的方向努力。编"火凤凰"也好,"人文精神寻思"也好,我从来都是团队作战的。我也想过有一天要"独善其身",但起码现在,我还是要继续在"藏污纳垢"的社会上去做有意义的事情。

访谈时间:2015 年 5 月 8 日

初刊《新京报》2015 年 5 月 16 日,原题为《坚持:知识分子的精神岗位是不能改变的——答〈新京报〉记者问》

编后记

陈思和老师的访谈文章，除一部分编入他的各种编年文集外，大多数都散见于报刊，时过境迁，难以再寻找。这次陈老师应张安庆先生之约，编"边角料书系"四种，并把其中的访谈录的编选任务交给我。当时陈老师列了一个编选文章的目录清单，并且把手头保存的、并不齐全的电子文档发给我。陈老师对我说："这些文档是乱的，你要根据自己的判断来把它们分类编排。"我先是把搜集到的文档认真读了一遍，选了其中三十篇，分为五个小辑，题目分别是学术积淀、学术视野、批评实践、人文教育、精神岗位，每辑收六篇文章。编完以后，张安庆先生觉得篇幅太大，印出来书太厚，不便于阅读，于是陈老师删去一些，编成上下两册，便成了现在这个样子。

当我们把陈老师不同时期的访谈文章编为一本专集的时候，"访谈"作为一种文体的魅力就凸显出来了，从中我们可以看出一个人在不同时期的思想状况和人生历程，甚至可以从访谈者和被访谈者的对答中感受到后者的人格魅力。进一步来看，由于采访风格的不同、引导方式的不同，以及被访谈者此时此刻的情绪、节奏不同，使得每一篇访谈都是一篇各具特色的文章。

在这些访谈中，不只有访谈者从自己的角度来提出问题，也有访谈者对于他者观点的引述，因此，访谈者、他者观点和被访谈者三者构成三重张力。陈老师也在这种张力中，把自己在学术研究和人生实践中的种种潜隐的因素得以彰显，或者做出更加充分的阐释。对于同一个事件，在不同的言说时空下陈老师的体会也有不同，比如关于陈老师出任《上海文学》主编这件事（或可以说是一个事件），姚克明和黄发有的两篇访谈，一个发生在即将上任之时，一个发生在卸任之后，两者对比，其中艰辛、曲折和陈老师内心的感受，都能比较清晰地呈现。同时，从陈老师的回答，也可以大略感觉出陈老师在不同时期的情绪，比如在《大学教育与当代知识分子的岗位——答张新颖》中，陈老师少见地充满了激愤情绪。这个访谈发端于陈老师前不久发表的《我往何处去》，把访谈和这篇文章放置到"后现代"来袭、"人文精神"受到冲击的语境下，就不难理解文章的深情和激愤了。而在与李辉的谈话中，则感觉像是两个志同道合的朋友坐而论道、一起为中国的教育事业出谋划策，为时代之痼疾寻找良方。细心的读者也不难发现，陈老师的访谈并不局限于传统的学术期刊，近年来报纸、自媒体等都频频有陈老师的访谈出现，比如《让自我超越自由与无用——答朱朋朋》发表在本科学生朱朋朋的微信公众号上，《我与图书馆是很有些缘分的——答傅艺伟》发表在校报《复旦人》上。这未尝不可以说是陈老师一贯的民间立场的体现，更或许还在于，在一个快速变化的时代里，一个有人文情怀的学者一定不会把眼光锁定在学术这个狭小范围内，而是关注着时代的变化，用各种形式来守护知识分子的人文精神传统。

我想起一件事。有一次我与陈老师闲聊，不知怎么会说起不久前鲍勃·迪伦获诺贝尔文学奖的事情，我忘了自己说过什么，只记得陈老师不无自豪地说："十几年前，我早就把中国摇滚写进《中国当代文学史教程》了，到现在学界还在争论迪伦的歌词算不算文学，真是可笑。"实际上，陈老师对于文学发展的预见性还不止这一件。《要有一颗敢于抗衡的心——答唐明生》这个访谈时，正是中国加入"世贸"不久，中国电影界对好莱坞电影冲击中国电影市场充满恐惧（当时流传"狼来了"），但陈老师坚定地认为，技术的落后可以弥补，但作为核心的文化传统和人文精神丧失了，中国电影就真的完了，并呼吁"要有一颗敢于抗衡的心"。今天看来，陈老师对于电影的自信同样得到了印证。我说这些的意思是想说，陈老师访谈中的这些文字并非是夸夸其谈，而是他对自己人生经验和学术眼光的自信，他对未来的预见，也是基于一个知识分子从人道、人文精神、从超越功利的角度所做的思考。因此，这本书里的文字是交心的谈话，是长者的经验，其中包含的做人道理、做学问方法以及言说背后体现出来的人格力量，在一个价值失衡、环境喧嚣、急功近利的时代里，都弥足珍贵。

最后我还想简单说明一下本书编选体例的情况。根据陈老师的建议，本书每一辑的标题都不要了，只用"第一辑""第二辑"等来表示，不过每辑访谈文章的安排取舍还是隐含着编选者的期待。这些访谈文章初刊时有不同的题目，为了追求整本书体例的一致，现在把题目统一改为如《巴金研究访谈录——答孙正萱》等样式；采访者的简介也力求统一，强调其当时采访时的身份。陈老师除了用接受访谈的形式阐述观点以外，还发表了大量与作家、学者的对话文章，访谈与对话是两种不同的言说形式，这次按照陈老师的意思，对话形式的文章没有收录；还有许多发表在报刊上比较随意、篇幅比较短小的访谈，基本上也没有收录。需要说明的是，不少访谈文章发表之后，又被选入不同的选本或文集，在这过程中陈老师都作了不同程度的修改，这次编选本书的时候，陈老师又作了不少调整、修改。所以，本书访谈内容与初刊时的内容并不完全一致。

陈丙杰
2019 年 4 月 11 日